VON ANGESICHT ZU ANGESICHT

Einblicke in die Krisen- und Lebensberatung einer »Offenen Tür«

Christoph Lang studierte Evang. Theologie in Marburg, Basel und Tübingen. Nach Vikariaten im Kraichgau und in Mosbach war er zwanzig Jahre lang Gemeindepfarrer im Landkreis Karlsruhe mit dem Schwerpunkt Seelsorge und Beratung. Seit 2019 ist er evang. Leiter der Ökumenischen Krisenberatungsstelle brücke in Karlsruhe. Als Personzentrierter Berater, Coach (GwG) und Lehrsupervisor (DGSv) schlägt sein Herz für eine Kirche, die nahe dran ist an den Menschen.

Christoph Lang

VON
AN
GESICHT

**Einblicke in die
Krisen- und Lebensberatung
einer »Offenen Tür«**

ZU
AN
GESICHT

Impressum

Bibliografische Information der Deutschen Nationalbibliothek:
Die Deutsche Nationalbibliothek verzeichnet diese Publikation in der
Deutschen Nationalbibliografie; detaillierte bibliografische Daten sind im
Internet über dnb.dnb.de abrufbar.

Die automatisierte Analyse des Werkes, um daraus Informationen
insbesondere über Muster, Trends und Korrelationen gemäß §44b UrhG
(„Text und Data Mining") zu gewinnen, ist untersagt.

© 2025 Christoph Lang

Verlag: BoD · Books on Demand GmbH, Überseering 33,
22297 Hamburg, bod@bod.de

Druck: Libri Plureos GmbH, Friedensallee 273, 22763 Hamburg

Lektorat: Heidi Lang

Gestaltung: Tilman Lang *(tilmanlang.de)*

ISBN 978-3-7693-1937-8

Inhalt

Vorwort

Von Angesicht zu Angesicht – so können sich Menschen in den "Offenen Türen" von 25 größeren Städten Deutschlands begegnen. In diesen oft ökumenisch getragenen kirchlichen Einrichtungen finden Ratsuchende niederschwellige, kostenfreie und auf Wunsch anonyme Beratung. Es ist eine Begegnung auf Augenhöhe, die den Kern dieser Arbeit ausmacht. Die hohe Akzeptanz dieser Form von Krisenberatung und Seelsorge ist bemerkenswert. Laut der jüngsten Kirchenmitgliedschaftsuntersuchung von 2023 befürworten 78% der Konfessionslosen dieses Angebot. Unter Kirchenmitgliedern übersteigt die Zustimmung zu den Angeboten der Krisen- und Lebensberatung sogar jene zu Gottesdienst oder Religionsunterricht. Diese Zahlen unterstreichen die gesellschaftliche Relevanz und den Wert der "Offenen Türen".

Mit diesem Buch möchte ich Ihnen Einblicke in den Alltag kirchlicher Krisenberatung gewähren. Die Texte, größtenteils aus persönlichen Praxisreflexionen entstanden, beleuchten verschiedene Aspekte dieser Arbeit. Meine Überzeugung ist: Wo Menschen in ihrer Krise gesehen werden, da ereignet sich Kirche. In der "Offenen Tür" kommen wir als Kirche den Sorgen, Fragen und Themen der Menschen so nah wie nirgendwo sonst. Es ist, wie eine Kollegin es treffend formulierte, "eine Art psychosozialer und psychologischer Fachdienst der Seelsorge".

Dieses Buch zeichnet behutsam Momente und Fragestellungen nach, in denen inmitten einer Krise erste Anzeichen von Hoffnung sichtbar werden. Dabei zeigt sich eine stille, aber tiefgreifende menschliche Verbundenheit, die den Kern dieser Begegnungen ausmacht. Ich freue mich, wenn Sie sich von den Einblicken und Fragestellungen berühren und anregen lassen.

1 Erste Schritte über die Schwelle

„Für ein Erstgespräch brauchen Sie keinen Termin."

Eine Ehrenamtliche nimmt einen Anruf am Telefon entgegen. Sie versichert auf Nachfrage der Anruferin, dass sie während unserer Öffnungszeiten einfach vorbeikommen kann, ohne vorher einen Termin zu vereinbaren. „Wie? Jetzt gleich?" „Ja, kommen Sie einfach vorbei!" Die Anruferin beginnt zu weinen, kann ihr Glück kaum fassen. Als Frau A. eine halbe Stunde später im Foyer unserer Beratungsstelle von einer Ehrenamtlichen freundlich, zugewandt und diskret begrüßt wird, kann sie es immer noch nicht glauben. Im Beratungsgespräch bei mir, erzählt Frau A. von ihren schier endlosen Versuchen, bei einem Therapeuten oder einer Fachärztin einen Termin zu bekommen, oder auch nur auf der Warteliste vermerkt zu werden. Es scheint eine immer seltener werdende Erfahrung zu sein: „Für ein Erstgespräch brauchen Sie keinen Termin." Es ist für unsere Krisenberatung das Kernangebot: Wir bieten von montags bis freitags als Offene Tür-Stelle ein offenes Ohr. Damit sind wir für viele Ratsuchende in der Krise die erste Anlaufstelle. Und wenn es doch einmal zu einer längeren Wartezeit im Foyer kommt, achten unsere Ehrenamtlichen darauf, dass die Besucherinnen und Besucher gut versorgt sind. Im Gespräch, bei dem wir dann auch abklären, wo es an anderer Stelle Hilfe geben könnte, gilt die Aufmerksamkeit ganz dem Gegenüber: Ich sehe Dich, ich bewerte Dich nicht, ich versuche zu verstehen, was Dein Anliegen ist. Am Ende bedankt sich Frau A.: „Das hat gutgetan. Das war jetzt wichtig. Danke für Ihr offenes Ohr!"

„Wir machen uns riesige Sorgen."

Die beiden jungen Menschen, B. und C., berichten von einem Mitbewohner in der WG, der sich immer mehr zurückzieht. So vieles haben sie schon ausprobiert, alle wollen helfen, aber er will keine Hilfe annehmen. Jetzt scheint die Situation zu eskalieren: Die WG will den Mitbewohner in einer nächsten WG-Versammlung damit konfrontieren, dass er sein Leben nicht mehr im Griff hat, dass die Schulden und die fehlende Verantwortungsübernahme nicht länger geduldet werden – und dass alle im Haus darunter leiden. Im Gespräch wollen die beiden wissen, was es für Hilfsangebote im Blick auf die Themen Sucht und Wohnungslosigkeit gibt und wie die Ambulanz der Psychiatrie arbeitet. In solch einem Gespräch fungiert die Beratungsstelle auch als „Clearingstelle" für mögliche weitere psychosoziale Unterstützungsangebote im Stadt- und Landkreis. Beim Verabschieden der beiden verweise ich sie auf die entsprechenden Einrichtungen, deren Flyer wir im Foyer ausgelegt haben. „Wenn er sich darauf einlässt, bringen wir ihn mal mit hierher zu Ihnen – Danke!"

„Darf ich wiederkommen?"

Neben der akuten Krisenberatung, die nur aus einem einzigen Gespräch bestehen kann, ergeben sich manchmal auch längere Gesprächsreihen. Jemand wie Herr D., auf der Suche nach einem Therapieplatz und frisch entlassen aus der Klinik, wünscht sich Begleitung. In der Praxis bieten wir diese Begleitung so an, dass wir Menschen – anders als in der Therapie – keine festen Zusagen über einen längeren Zeitraum machen, sondern immer jeweils von Mal zu Mal einen Folgetermin anbieten. Wir wollen sicherstellen, dass wir für unsere Kernaufgabe, die Krisenberatung, immer genügend Spielraum haben. Herr D. ist durch seine Hausärztin auf die Beratungsstelle aufmerksam gemacht worden. Er berichtet von seiner Zeit in der Klinik und von seiner Einsamkeit. „Ich habe ja sonst niemanden mehr." In den Folgegesprächen loten wir miteinander aus, welche eigenen Möglichkeiten er hat, mit seiner Situation umzugehen, und welche Netzwerke in seinem Quartier vielleicht neu zu entdecken wären. Neben den Ideen und Anregungen erlebt Herr D. die Gespräche als stabilisierend: „Ich gehe einfach etwas zuversichtlicher durch die Tage, wenn ich bei Ihnen in der Offenen Tür sein konnte. Meine Probleme haben sich nicht in Luft aufgelöst, aber für den Moment ist es etwas leichter, wenn ich jetzt zurückgehe in meinen Alltag."

2 Grundlegendes zur Offene Tür-Arbeit

Um die Arbeit einer Offenen Tür-Stelle näher zu beschreiben, lohnt es sich, nach den theologischen und anthropologischen Grundlagen dieser niedrigschwelligen kirchlichen Krisenberatung zu fragen. In der Art und Weise, wie Menschen hier von Angesicht zu Angesicht wahrgenommen werden, wie sie gesehen und zunächst einmal gerade nicht „beurteilt" oder „diagnostiziert" werden, drückt sich eine Haltung aus: Die Haltung einer hoffnungsvollen Präsenz, die den roten Faden im Dasein der haupt- und ehrenamtlich Mitarbeitenden in der kirchlichen Krisenberatung bildet. Hier zeigt sich, bei allen Unterschieden in Setting, personeller Ausstattung und Struktur, die große Nähe zur Arbeit der TelefonSeelsorge®, mit der die Offene Tür-Stellen im gemeinsamen Dachverband „Telefon-Seelsorge® Deutschland e.V. – Ökumenischer Verein für TelefonSeelsorge® und Offene Tür Deutschland (TSD)" eine organisatorische Einheit bilden.

2.1 Sehen lernen

Die Arbeit der Offene Tür-Stellen geschieht innerhalb von Seelsorge und psychologischer Beratung der Kirchen „auf der Schwelle" (Ralph Kunz). Am Beispiel der Ökumenischen Krisen- und Lebensberatungsstelle *brücke* in Karlsruhe werden Merkmale niedrigschwelliger Beratung und Seelsorge herausgearbeitet. Dabei sendet Kirche durch die Offene Tür-Arbeit „seelsorgliche Signale" aus, indem sie sich in besonderer Weise mit den Menschen auf die Suche macht nach Sinn und Halt in Krisenzeiten. Die spirituelle Dimension dieser Arbeit drückt sich

auf diskrete Weise aus im Miteinander von Kirche und psychosozialer Beratungslandschaft in Stadt und Region.[1]

Die Offene Tür-Stelle als diskrete kirchliche Präsenz
(aus einer Broschüre der TelefonSeelsorge®)

Viele Menschen kennen und nutzen seit jeher das seelsorgliche
Angebot der katholischen und evangelischen Kirchen in Lebens-
krisen. Neben den persönlichen Gesprächen mit Seelsorgerinnen, Seelsorgern und Ordensangehörigen stellen die beiden Kirchen bereits seit 1954 ein erweitertes Gesprächsangebot für
Menschen in Krisensituationen zur Verfügung: Das Angebot der
Offenen Tür-Stellen zeichnet sich aus durch psychologisch fun-
dierte Beratungskompetenz, persönliche Präsenz und niederschwellige Zugangsmöglichkeiten. Krisengespräche werden hier
von Seelsorgerinnen und Seelsorgern wie auch von psychologisch ausgebildeten Beraterinnen und Beratern geführt. Die
Offene Tür-Stellen und die Face-to-Face-Stellen der TelefonSeel-
sorge® bieten in 25 größeren Städten in Deutschland vor Ort die
Möglichkeit zum spontanen persönlichen Gespräch. 1956 wurde
das Seelsorgeangebot der beiden Kirchen ergänzt durch das
bundesweite Netzwerk der TelefonSeelsorge®. Vervollständigt
wurde dieses Angebot seit 1995 durch Online-Beratungsformate
wie E-Mail und Chat. Gemeinsam stellen die evangelische und
katholische Kirche in Deutschland damit ein flächendeckendes,
breit gefächertes und seelsorgerisch bzw. psychologisch fun-
diertes Beratungsnetzwerk zur Verfügung. Die Offene Tür-Stellen

---

1   Die Ausführungen in diesem Abschnitt greifen auf meine Antrittspredigt zu
    Beginn meiner Tätigkeit in der Krisenberatungsstelle zurück, vgl. Ch. Lang,
    „Sehen lernen – mit den Augen Gottes", Pastoralblätter Jg. 160 (2020): 80-83.

verstehen sich in diesem Beratungsnetzwerk als Vor-Ort-Anlauf-
stellen für Menschen in akuten Krisensituationen.[2]

Sehen lernen

„Ein Mensch sieht, was vor Augen ist; Gott aber sieht das Herz
an" (1 Sam 16, 7). Als ich vor vielen Jahren als Pfarrer ordiniert
wurde, wurde mir dieser Bibelvers wichtig und begleitet mich
seitdem in meiner Arbeit. Mit diesem zentralen Satz aus der Be-
rufungsgeschichte Davids begründet der Seher Samuel seine
Wahl eines kleinen Hirtenjungen als König für Israel. Entgegen
allen äußeren Anzeichen von Stärke oder Überlegenheit traut
Samuel es dem jungen David zu, eine wichtige Aufgabe zu
übernehmen und künftig die Geschicke Israels im Auftrag Gottes zu lenken.

Ich höre diesen Bibelvers zuerst für mich persönlich. Ich bin
der festen Überzeugung, dass die wesentlichen Dinge, die wir in
Seelsorge und Beratung, aber auch in unseren alltäglichen Kontakten bewirken, immer etwas mit uns als Person zu tun haben.
Darum fange ich auch jetzt bei mir selbst an. Ich bin nicht David. Aber ich kann mich darin wiederfinden, dass aus göttlicher
Perspektive körperliche Stärke, äußere Schönheit oder souverä-
ne Argumentationskraft nicht ausschlaggebend sind. Gott sieht
das Herz an – in diesem Satz liegt für mich die Zusage, dass Gott
hinter die Dinge sieht. Dabei stelle ich mir vor, dass dieses gött-
liche Schauen nicht wie ein Röntgenstrahl alles durchleuchtet
bis ins letzte Detail. Sondern dass es mich eher streift wie ein
wärmender Sonnenstrahl, mich manchmal an der Nase kitzelt
oder mir manchmal auch kräftig einheizt. Aber eben auf eine

---

2   Telefonseelsorge® Deutschland e.V. (Hg.), Akute und begleitende Kriseninter-
     vention: Die Vor-Ort-Beratung der Kirchen, Berlin 2022, 3.

Art, die nicht gnadenlos alles durchschaut, sondern mich als
Menschen sieht.

Ich habe diesen Bibelvers in den letzten Jahren in der Arbeit
in zwei Kirchengemeinden aber nicht nur für mich selbst meditiert. Ich wollte ihn auch für die Menschen, die mir begegnen,
hören und meditieren. Steil formuliert: Ich wollte mein Gegenüber immer wieder mit den Augen Gottes sehen lernen. Auch
wenn ich manchmal zweifle, ob das schöne poetische Wort unserem harten Alltag standhält. Man kann schon kritisch fragen,
was es bringt, wenn Gott zwar das Herz ansieht, aber wir Menschen immer noch am Äußeren hängen bleiben. Die tiefere
Weisheit dieses Bibelverses liegt darin, dass wir über die Grenzen unseres Erkennens etwas lernen. Und dass wir uns selbst und
auch unsere Gesellschaft und die politischen Verantwortungs-
träger daran erinnern, dass auch die anderen mehr sind als, was
wir von ihnen denken, mehr als das, was sich berechnen und
messen und skalieren lässt.

So fällt ein anderes Licht auf die Menschen. Was für ein
Schatz, wenn wir das einem Elternpaar zusagen können, wenn
sie sich um das Neugeborene sorgen, weil es im Terror der Ge-
deih-Kurven nicht die Höchstpunktzahl erreicht und die Eltern
entsprechend verunsichert sind. Was für ein Geschenk, wenn
wir uns in der Begegnung mit einem pubertierenden Jugendlichen manchmal ja unter dem eigenen Dach gegenseitig sagen
können: Der Mensch sieht nur, was vor Augen ist... Was für ein
Glück, wenn zwei Liebende auf dem Weg durchs Leben diesen
gleichsam anderen, göttlichen Blick auf den Partner probeweise
oder versuchsweise einnehmen können und auch später, vielleicht in einer Zeit der Krise, gemeinsam daran arbeiten: Du bist
mehr als ich gerade sehe! Unsere Beziehung kann und darf sich
verwandeln unter dieser neuen Perspektive! Und was für eine
Hoffnung, wenn wir das auch am Ende eines jeden Menschen-

lebens sagen können. In solchen Zusammenhängen merke ich sehr deutlich, dass wir mit unserer Arbeit – zusammen mit den vielfältigen anderen Bereichen seelsorglich-beraterischer Arbeitsfelder der Kirchen – mit unserem Angebot gleichsam die „Muttersprache" (Petra Bosse-Huber) der Kirche sprechen:

> Die Vorstellung, dass die Kirche eine Muttersprache hat, die von der Seelsorge gesprochen wird, stellt eine neue Würdigung ihrer Arbeit dar. Muttersprache: Das ist eine signifikante Aussage. Die Muttersprache, das ist diejenige Sprache, die einem Kind von Anbeginn seiner Existenz mitgegeben wird. In der Muttersprache lernt ein Mensch, das zu benennen, was ins Wort gebracht werden soll: wie es ihm geht, was es meint und möchte, was ihm wichtig ist.[3]

Als Pfarrer für beratende Seelsorge arbeite ich in einem multiprofessionellen Team in einer Offene Tür-Stelle, die von den beiden Kirchen am Ort getragen wird. Von Montag bis Freitag können mit Menschen mit ihren Anliegen ohne vorherige Terminvereinbarung zu uns kommen. Wir verstehen uns als Ergänzung und Unterstützung der pastoralen Arbeit der Gemeinden vor Ort. Die Begegnungen in der Ökumenischen Krisen- und Lebensberatungsstelle leben davon, dass wir die Besucherinnen und Besuchern mit offenen und unvoreingenommenen Herzen anschauen. Indem wir nicht nach dem Äußeren urteilen, uns

---

3   Ch. Burbach, „Seelsorge in der protestantischen Kirche", Handbuch Personzentrierte Seelsorge und Beratung, Hrsg. Christine Burbach, Göttingen 2019, 224, unter Bezugnahme auf: P. Bosse-Huber, „Seelsorge – die ‚Muttersprache' der Kirche", Seelsorgliche Kirche im 21. Jahrhundert: Modelle – Konzepte – Perspektiven, Hrsg. Anja Kramer und Freimut Schirrmacher, Neukirchen 2005, 11-17.

auch nicht von den vermeintlich treffsicheren Diagnosen oder Bewertungen anderer ein Urteil bilden. Sondern indem wir gemeinsam in eine Suchbewegung hineingehen, was jetzt dran ist. Was jetzt gesehen, gehört, bestaunt werden will. Und auch, was jetzt Schutz braucht oder Zuwendung oder Stille.[4]

In der Beratung sind es dann manchmal punktuelle, oft aber auch längerfristige Begegnungen, die unseren Besucherinnen und Besuchern hier und da tatsächlich zu einer neuen Sicht auf ihr Leben verhelfen. Wir suchen gemeinsam und fragen nach und hören zu. Gespräche, Information, Krisen- und Lebensberatung eben. Hierin treffen und überschneiden sich psychologische Beratung unter dem Dach der Kirchen und kirchliche Seelsorge in ihrem Kern: Dass wir uns jedem Menschen als einem Geschöpf Gottes zuwenden und ihn annehmen, dass wir nach neuen Anfängen suchen, ermutigen zur heilsamen Selbstauseinandersetzung, und in Krisenzeiten unterstützen und begleiten. In diesem Ansatz sind wir verbunden mit den Haupt- und Ehrenamtlichen der TelefonSeelsorge® und auch mit der Arbeit der Ehe-, Familien- und Lebensberatungsstellen (EFL) in der Kirche. Und gut vernetzt mit den vielen anderen Angeboten in der

---

4   Diesen Ansatz hat Peter F. Schmid, Personale Begegnung: Der personzentrierte Ansatz in Psychotherapie, Beratung, Gruppenarbeit und Seelsorge, Würzburg 21995, 57, so auf den Punkt gebracht: „Hilfe ist Verändern durch Verstehen. Genauer: Sie ist ein Prozess, der in der Begegnung zweier Personen als Personen durch die korrektive Erfahrung in einer ganz bestimmten Form von Beziehung geschieht, die wesentlich durch Echtheit, Verständnis und Akzeptanz geprägt ist. Dieser Prozess führt zu einer veränderten Einstellung sich selbst gegenüber und legt neue bzw. bislang nicht entfaltete oder verschüttete Fähigkeiten und Möglichkeiten frei und mobilisiert die eigenen Kräfte. In einfacheren Worten ausgedrückt – helfen heißt teilen: sich einander mit-teilen und aneinander An-teil nehmen."

Stadt. Der Schweizer Theologe Ralph Kunz hat das besondere
Angebot der Offene Tür-Stellen einmal wie folgt beschrieben:

> Niederschwellige Beratung und Seelsorge weckt Vertrauen, si-
> gnalisiert Offenheit, die Menschen Mut macht, Gesicht zu zeigen,
> Leid zu teilen, Seelen zu öffnen und ihre Geschichten zu erzäh-
> len.[5]

Ich gehe noch weiter und sage: Mit der ökumenischen Arbeit in
den Offene Tür-Stellen sind wir ganz konkret Teil der sichtba-
ren und unsichtbaren Kirche in der City und in der Region. Wir
werden hier gesehen und wir tragen dazu bei, dass die richtigen
Signale gesendet werden. Noch einmal Ralph Kunz dazu:

> Die Nomaden der Pendlergesellschaft reagieren sehr sensibel
> auf Symbole, die gegenkulturelle Signale zu den Megatrends
> aussenden. Deshalb geht es nicht darum, die Marke ‚Kirche'
> oder ‚Seelsorge' auf dem Markt zu positionieren, sondern dar-
> um, als Kirche die richtigen – seelsorglichen Signale zu senden.
> Kirche soll nicht besserwisserisch, aufdringlich oder ängstlich
> auftreten. Die seelsorglichen Signale, wie sie in der Arbeit der
> Offenen Türen gesendet werden, sind etwas ganz Kostbares.
> Menschen, die hier wirken, setzen auf Kräfte, die aus der Begeg-
> nung mit dem Heiligen erwachsen.[6]

Psychologische Beratung und Seelsorge in der Kirche nimmt
dabei auch die spirituelle Dimension des Lebens in den Blick. In
den Anliegen unserer Besucherinnen und Besucher klingen alle
Grundthemen des Glaubens an: Zweifel und Hoffnung, Schuld

---

5   R. Kunz, Seelsorge auf der Schwelle – Türöffner für die Kirche. Zürich, 2006, 5.
6   Ebd.

und Vergebung, Täuschung und Wahrhaftigkeit, Leid und Trost. Diese spirituelle Dimension kommt in der Mehrzahl der Begegnungen eher selten ausdrücklich zur Sprache. Aber sie wird gelebt im Mit-Sein von uns als Kirche in der City und in der Region, im Stadt- und Landkreis. Und sie wird spürbar in der Haltung, mit der wir einander auf Augenhöhe begegnen, indem wir uns gemeinsam auf die Suche machen. Vielleicht so ähnlich wie in der folgenden chassidischen Erzählung, die der in Brasilien lehrende Rabbi Nilton Bonder einmal erzählt:

Ein Mann verirrt sich im Wald. Es dämmert schon und mit zunehmender Dunkelheit wird er immer nervöser. Schließlich sieht er in der Ferne ein Licht und geht erleichtert darauf zu. So stößt er auf einen Mann, der eine Laterne hochhält, und sagt: „Ich bin wirklich froh, dass ich dich gefunden habe. Ich habe mich nämlich verirrt, und es wird immer dunkler. Aber jetzt ist alles in Ordnung, denn du kannst mir ja zeigen, wie ich wieder aus dem Wald herauskomme." – „Tut mir leid", sagt der Mann mit der Laterne, „aber ich habe mich auch verirrt. Doch mach dir deswegen keine Sorgen, denn jetzt wissen wir immerhin, dass wir weder in der Richtung wieder herausfinden, aus der du gekommen bist, noch in der, aus der ich gekommen bin. Zu zweit wissen wir mehr als jeder von uns allein; das verbessert unsere Aussicht, wieder herauszufinden." Der Erste findet das nicht ganz überzeugend und schaut sich den anderen etwas genauer an. Da merkt er, dass der blind ist. „Aber du kannst ja nicht sehen!", ruft er. „Wozu brauchst du denn eine Laterne? „Damit du mich sehen kannst!"[7]

---

7   N. Bonder, Der Rabbi hat immer recht – Die Kunst, Probleme zu lösen, Heidelberg 2013, 153.

Es könnte sein, dass wir als Kirche und als Christen im 21. Jahrhundert gar nicht viel mehr zu tun brauchen als das: Im Eingestehen unserer Blindheit und unserer eigenen Grenzen manchmal einfach eine Laterne anzünden, damit uns der andere findet. Und manchmal, in der umgekehrten Rolle als der vermeintlich Sehende, der sich verirrt hat, auf ein Licht zugehen, das uns ein anderer oder eine andere hinhält. So oder so – „zu zweit wissen wir mehr als jeder von uns allein; das verbessert unsere Aussicht, wieder herauszufinden." Kirche wäre dann eine Lerngemeinschaft, die sich mit vielen anderen zusammen auf den Weg macht, eben hinein in jene Suchbewegung, wie sie in der rabbinischen Geschichte umschrieben wird. Es gehört zu den kostbarsten Erfahrungen im Leben, wichtiger noch als das Herausfinden aus der Verwirrung, wenn uns eine oder einer ein Licht anzündet und sich finden lässt. Wenn wir uns dann begegnen und zuhören und miteinander aushalten, was ist, ist der Wald schon nicht mehr ganz so dunkel wie bisher.

2.2 Unterscheiden und nicht trennen

In diesem Abschnitt geht es um die Frage, wie es gelingen kann, trotz unterschiedlichster Haltungen, Weltanschauungen und Meinungen miteinander konstruktiv ins Gespräch zu kommen und im Gespräch zu bleiben. Dabei geht es um eine Haltung, die aktiv differenziert zwischen der Person an sich und dem, was die Person glaubt, denkt, meint und wie sie handelt. So wird ein gangbarer Weg vorgezeichnet, der sein Vorbild in der reformatorischen Unterscheidung von Person und Werk hat und in Seelsorge und psychologischer Beratung je und dann neu eingeübt werden will.

Das leitende Menschenbild in der Offene Tür-Arbeit (aus der Grundkonzeption)

Die Sorge Gottes um seine Geschöpfe konkretisiert sich in der annehmenden Zuwendung sowie in der Herausforderung zu heilsamer Selbstauseinandersetzung. Psychologische Beratung und Seelsorge bieten Halt in Krisenzeiten und Unterstützung bei der Neuorientierung. Die Beratung bietet einen geschützten Raum für fachliche Begleitung. Dabei werden Ratsuchende in ihrer Verletzlichkeit, Bedürftigkeit und in ihren Grenzen ebenso wahrgenommen wie mit ihren Stärken und Ressourcen. Sie sieht den Menschen als einmaliges und zugleich fragiles Wesen, der Liebe bedürftig und zur Liebe fähig, durch seine Geschichte geprägt und zugleich offen für Entwicklung und Veränderung. Sie nimmt die spirituelle Dimension von Beratungssituationen wahr und ist offen für existenzielle Fragen. Damit hat Psychologische Beratung in kirchlich-diakonischer Trägerschaft Anteil am Seelsorgeauftrag der Kirche. Dabei ist das Zusammenwirken von

Seelsorge in den Gemeinden und Psychologischer Beratung notwendig, um Menschen hilfreich zu begleiten. Psychologische Beratung und Seelsorge verstehen sich als Hilfsangebot für alle Menschen in Not, ungeachtet ihrer religiösen und kulturellen Prägung oder ihrer sexuellen Orientierung.[8]

Unterscheiden und nicht trennen

In unserer Krisen- und Lebensberatungsstelle am Kronenplatz beraten und begleiten wir Einzelne, Paare und auch Familien. Seit einiger Zeit fällt mir auf, dass ich das kleine Wörtchen „und" häufiger benutze oder anbiete. Das hat auch damit etwas zu tun, dass ich von vielen Besucherinnen und Besuchern Sätze höre wie „Das geht gar nicht!" oder auch „Es gibt keine Alternative!" Manchmal biete ich dann das Wörtchen „und" an – es erinnert mich an das Pluszeichen aus der Mathematik. Oder auch an die sogenannte „Ligatur", d.h. die Verschmelzung des lateinischen „et" im Sonderzeichen &. Das Wörtchen „und" kann verbinden, hinzufügen, hier und da sogar verschmelzen, was zuvor getrennt erschien. Wenn ich es poetisch sagen wollte: am Ende geht es immer um Liebe.

In unserer Arbeit der psychologischen Beratung und der Seelsorge haben wir als einen anthropologischen Leitsatz formuliert: „Unsere Beratung sieht den Menschen als einmaliges und zugleich fragiles Wesen, der Liebe bedürftig und zur Liebe fähig, durch seine Geschichte geprägt und zugleich offen für Entwicklung und Veränderung." Haben Sie das dreimalige „und" in diesem Satz bemerkt? Wir sind als Menschen geprägt – und zur Veränderung fähig. Wir sind bedürftig – und zur Liebe fähig.

---

8   Auszug aus: „Seelsorglich-beraterische Grundkonzeption der Ökumenischen Krisen- und Lebensberatungsstelle *brücke*, Karlsruhe 2021, 2, vollständig abgedruckt in Kp. 5.1.

Wir sind einmalig – und zugleich zerbrechlich. In manchen Gesprächen geht es genau darum, diese Spannung wahrzunehmen, auszuhalten, anzuerkennen: Ich bin immer zugleich beides. Ich bin nie nur das eine. Ob es mir gelingt, mich selbst etwas freundlicher und etwas liebevoller anzuschauen und mehr anzunehmen mit meinen liebenswürdigen und meinen abgründigen Seiten?

In der Beratung von Paaren gilt es, das Bild, das ich von mir selbst und vom anderen habe, immer wieder zu überprüfen und gegebenenfalls zu korrigieren. Das Wörtchen „und" kann dabei eine große Hilfe sein. Die Entdeckung lautet dann: „Ich merke gerade, Du bist ja gar nicht immer so... Du bist ja auch ... und ...!" Das „und" kann dann neue Einsichten und Erfahrungen verbinden, die bisher unversöhnlich nebeneinanderstanden. Wo ein Paar daran konstruktiv arbeitet, kann hier und da neu Liebe füreinander wachsen.

Auch in Konfliktgesprächen mit Familienmitgliedern kommt es darauf an, dieses „und" zu entdecken und auszusprechen.[9] „Dies eine mag ich an Dir, und ich wünsche mir zugleich das andere!" Dass wir eine Person grundsätzlich respektvoll behandeln und ihr Wertschätzung entgegenbringen, heißt ja gerade nicht, dass wir alles und jedes gutheißen müssen, was diese Person tut. Das Wörtchen „und" weist darauf hin, und kann zur Verständigung beitragen, dass ich wohl die Person achte und zugleich mit einer Meinung, Haltung oder Tat dieser Person nicht einverstanden sein muss.

Im Blick auf die vielfältigen gesellschaftlichen Herausforderungen und eine zunehmende Polarisierung in den Debatten und in den sozialen Medien halte ich es für wichtig, das kleine

---

9   Vgl. zur Beratung von Familien: U. Hollick et.al., Personzentrierte Familientherapie und -beratung, München 2018.

Wörtchen „und" neu in den Blick zu nehmen. Eine gute Streit-kultur kann unterscheiden einerseits zwischen dem, was eine Person tut, wie sie handelt und welche politische Meinung sie vertritt, und andererseits der Würde, die ihr als Person – in unserem Grundgesetz prominent in Artikel 1 verankert – eignet. Wieder ist das Wörtchen „und" maßgeblich, auch im Umgang mit Gegnern: „Ich verurteile Deine Position und ich rede dennoch mit Dir. Ich bemühe mich um Respekt und Wertschätzung, selbst wenn ich Deine Haltung nicht verstehen kann. Zumindest das eine erwarte ich von Dir: Dass Du auch mir mit demselben Respekt begegnest."

Hinter der Wut, dem Hass, dem Ärger entdecke ich dann oft eine Not, ein Leiden, das erstmal Raum braucht und verstanden werden will. Verständigung, Basis jeder psychologischen Beratung und Seelsorge, bedeutet oft genug eine Gratwanderung zwischen der Wertschätzung und Anerkennung der Person, und zugleich dem Markieren von sachlichen und inhaltlichen Differenzen und dem Herausarbeiten dessen, was uns trennt. Solange wir kein gemeinsames Anliegen finden, solange wird es keine Verständigung geben, sondern nur ein „übereinander reden" oder ein „aneinander vorbeireden". Verständigung setzt voraus, dass wir uns eingestehen und permanent bewusst sind: Jede und jeder von uns hat eine ganz eigene Perspektive, aus der heraus er oder sie die Welt, die anderen, sich selbst wahrnimmt. Diese Perspektivität gilt es anzuerkennen, so wie wir in einer multikulturellen und multireligiösen Gesellschaft aushalten und anerkennen, dass es unterschiedliche Wahrheitsgewissheiten über die großen Fragen des Lebens und Glaubens gibt.

Die Offene Tür-Stellen in Deutschland und die Telefon-Seelsorge® haben es sich seit je her zur Aufgabe gemacht, für alle Menschen ein offenes Ohr zu haben – unabhängig von politischer oder weltanschaulicher Einstellung. Alle finden bei uns

Gehör. Nach meiner Erfahrung in akuten Beratungen und bei längeren Begleitungen kommt es für ein hilfreiches und veränderndes Gespräch vor allem darauf an, dem Gegenüber wertschätzend und freundlich zu begegnen auch dann, wenn ich mit den Inhalten und Positionen ganz und gar nicht übereinstimme. Im Unterschied zu alltäglichen Gesprächen, bei denen es durchaus wichtig sein kann, bestimmten Parolen handfest Paroli zu bieten, bieten wir in unserer Offene Tür-Stelle einen Raum dafür an, dass Menschen sich angenommen fühlen – auch wenn ich ihre Meinung nicht teile. Das ist zugegebenermaßen oft eine Gratwanderung. Mir hilft dabei Humor und Gelassenheit. Und Worte wie das von Jesus aus der Bergpredigt: „Gott lässt seine Sonne aufgehen über Böse und Gute und lässt regnen über Gerechte und Ungerechte" (Mt 5, 45). Mit Charlie Browns legendärem Cartoon mag man mit Linus und Snoopy rhetorisch nachfragen: „Und was ist mit denen dazwischen?" So einfach, so schwarz oder weiß, geht es am Ende eben doch nicht. Wichtig scheint mir, dass mein Gegenüber spürt, dass ich es ehrlich meine, dass ich nicht ausweiche und nicht urteile. Und dass ich unterscheiden kann zwischen dem, was der andere ist – ein wertvoller und würdevoller Mensch, und dem, was der andere sagt oder tut – vielleicht so gar nicht meins. Ich liebe das Wörtchen „und". Es kann Brücken bauen über scheinbar unüberwindbare Gräben. Und es ist manchmal der Anfang einer tiefergehenden Verständigung.

2.3 Präsent sein

Durch eine theologische Präzisierung von psychologischer Beratung und Seelsorge wird „hoffnungsvolle Präsenz" (Traugott Roser) zum Kennzeichen von seelsorglichem und beraterischem Da-Sein, das eine Anerkennung der Wirklichkeit von Not mit sich bringt. Seelsorge und Beratung verschafft marginalisierten Not- und Bedarfslagen Geltung und Anerkennung. Seelsorgerliche Präsenz symbolisiert und macht Gottes In-der-Welt-Sein erfahrbar. Dabei wird die diskrete Rolle von Ehrenamtlichen in der Offene Tür-Arbeit gewürdigt, deren Grundhaltung ebenfalls mit dem Begriff der Präsenz beschrieben wird. In der Türöffner-Rolle halten sie für Ratsuchende den Raum offen für Erfahrungen von Autonomie, Sicherheit und Verbundenheit in der Erstbegegnung und bei wiederkehrenden Kontakten.

Eine Frage der Haltung (aus dem Seelsorge-Konzept der Evang. Landeskirche in Baden)

Seelsorge geht auf den Nächsten zu, um für ihn da zu sein: im Schaffen einer vertrauensvollen Atmosphäre, im Annehmen des Gegenübers und in einem empathischen Wahrnehmen dessen, was es sagt. So kann eine Gesprächskultur entstehen, die auf das Gegenüber ausgerichtet ist, es begleitet und darin unterstützt, eigene Fragen und Lösungen zu finden. Grundlage hierfür ist die [...] Haltung der Seelsorgenden, die aus dem christlichen Glauben heraus erwächst. In dieser Haltung begegnen Seelsorgende ihrem Nächsten als einem von Gott geliebten und eigenständigen Menschen. Sie sind zugewandt und wertschätzend für den Anderen da und nehmen ihn in seinem Anderssein ernst. Dieses den Anderen in seiner Fremdheit Ernstnehmen, das wirkliche Kommunikation und lebendigen Dialog ermöglicht, mag als Selbstverständlichkeit erscheinen, gehört aber zu den schweren Aufgaben der Seelsorge. Nur zu leicht lassen persönliche Vorprägungen, Emotionen (z. B. Angst beim Reden über das Sterben) oder auch falsch verstandener missionarischer Eifer es nicht mehr zu, das zu hören, was das Gegenüber wirklich sagt. Dies kann zum Abbruch des lebendigen Dialogs führen. Das in solchen Haltungen mitschwingende ‚Ich möchte Dich so, wie ich meine, dass Du sein solltest' führt dazu, dass der Andere nach dem eigenen Bilde geformt werden soll. Dies Gott überlassen zu können, ist eine grundlegende Herausforderung für die Seelsorge.[10]

Präsent sein

„Für ein Erstgespräch brauchen Sie keinen Termin. Sie können einfach zu den Öffnungszeiten vorbeikommen." Im Foyer oder am Telefon der Krisenberatungsstelle sind solche Sätze regelmäßig von unseren Ehrenamtlichen zu hören. Seit über 40 Jahren bietet die Offene Tür-Stelle am Kronenplatz in Karlsruhe für Menschen aus der Stadt und den umliegenden Landkreisen Krisen- und Lebensberatung sowie Seelsorge an. Für Erstgespräche mit den Hauptamtlichen halten wir pro Woche 28 Stunden unsere Türen offen. Wir nennen dieses Angebot „Präsenz". Eine hauptamtliche Beraterin oder ein Berater steht in der Präsenz für Krisenberatung, Klärung, Seelsorge zur Verfügung. Dabei ist die Präsenz für akute Krisenberatung ohne Terminvereinbarung oder lange Wartezeit unser Markenzeichen. Um dieses Angebot

---

10 Evang. Oberkirchenrat (Hg.), Freut euch mit den Fröhlichen, weint mit den Weinenden, Gesamtkonzeption Seelsorge in der Evang. Landeskirche in Baden, Karlsruhe 2013, 15-16.

so gestalten zu können, braucht es die fein abgestimmte Zusammenarbeit zwischen Haupt- und Ehrenamtlichen.

Ehrenamtlich in der „Offenen Tür": eine Aufgabe auf der Schwelle

Sie sind die ersten Ansprechpartnerinnen für alle Ratsuchenden: wer bei uns anruft oder den ersten Schritt ins Foyer gemacht hat, trifft auf die Ehrenamtlichen. Neben der Weitergabe von Informationen gehört es zur Kultur unserer Arbeit und zum Auftrag des ehrenamtlichen Dienstes, schon beim ersten Kontakt mit Ratsuchenden für eine Atmosphäre der Sicherheit, des Respekts und der Wertschätzung zu sorgen. Es kommt nicht nur darauf an, was kommuniziert wird, sondern auch wie – eine manchmal knifflige Aufgabe, wenn Menschen stark unter Druck stehen oder sich aufgrund einer psychischen Erkrankung schon beim Ankommen in unserem Foyer auffällig verhalten. Es braucht aufseiten der Ehrenamtlichen Empathie und Kenntnis der typischen Muster, um hier präsent zu reagieren. Manchmal braucht es ein behutsames Hinhören und vorsichtiges Nachfragen, manchmal entwickelt sich ein kurzes Gespräch im Foyer, manchmal muss man übergriffigen Personen auch ihre Grenzen aufzeigen. Gerade der Erstkontakt im Foyer hat eine Schlüsselfunktion, bevor die Ratsuchenden dann ein Gespräch mit einem von uns Hauptamtlichen führen.

Der Vorbereitungskurs

Darum durchlaufen die Ehrenamtlichen bei uns einen Vorbereitungskurs, in dem es zum einen um Selbsterfahrung geht. Nur aus der Sicherheit und Ruhe heraus, ganz präsent sein zu wollen, können die Ehrenamtlichen gut für die Besucherinnen und Besucher da sein und dabei eigene und fremde Grenzen gut beachten. Die Selbsterfahrung dient dazu, sich selbst sicher, klar und hilfreich im Foyer oder am Telefon zu erleben, um somit auch den Ratsuchenden Sicherheit, Klarheit und Unterstützung zu vermitteln. Zum anderen geht es bei der Vorbereitung der Ehrenamtlichen um die praktische Arbeit der Beratungsstelle sowie um Grundkenntnisse der Kommunikation, der Gesprächsführung und eben auch der typischen Phänomene bestimmter psychischer Gestimmtheiten. Gerade weil die Diagnose, die jemand vielleicht mitbringt, für uns in der Beratung erstmal keine Rolle spielt, ist es uns umso wichtiger, dass unsere Ehrenamtlichen schon im Foyer und am Telefon offen und wertschätzend kommunizieren und den Erstkontakt behutsam und zugleich mit großer Ruhe und Klarheit gestalten.

Eine Tür öffnen, für Leib und Seele sorgen, präsent sein

In den meist kurzen Erstkontakten tun unsere Ehrenamtlichen zunächst sehr wenig. Es ist auf gewisse Weise ein demütiger und diskreter Dienst: eine Information über unsere Arbeitsweise und das Beratungs- und Seelsorgeangebot, Hinweise zu Wartezeiten und Abläufen in unserer Offenen Tür, oft verbunden mit dem Angebot von Getränken – damit Ratsuchende auch körperlich gut ankommen können in einer für sie fremden Umgebung. Leibsorge im besten Sinne ist das, mit heißen oder kalten Getränken je nach Jahreszeit und manchem mehr, bis hin zum passenden Sitzplatz im Foyer oder dem Hinweis, dass der Hund auch etwas Wasser bekommen kann. Dann aber manchmal auch der kleine Plausch vor dem Beratungsgespräch oder die Möglichkeit, öfter mal einfach vorbeizuschauen, ohne gezielt ein Gespräch mit den Hauptamtlichen zu suchen. Ein Besucher nennt das: „seelisch verschnaufen". Unsere Ehrenamtlichen sorgen dabei für eine Atmosphäre, die das ermöglicht, sind manchmal wie die Türöffner für das, was dann noch geschieht in den Gesprächen, die folgen. Die Ehrenamtlichen halten auf diskrete Weise auch den Alltagskontakt zu jenen Besucherinnen und

Besuchern, die häufiger zu uns kommen. Das Großartige, das sie bereitstellen, liegt eher im Sein: im Präsentsein für den Menschen, unabhängig von seiner Religion, Hautfarbe, seinem Geschlecht oder eben auch seiner Diagnose. Wir beraten anonym, verschwiegen, kostenfrei – und als Haupt- und Ehrenamtliche mit dem Anspruch der Präsenz. Diese Präsenz üben wir in den Vorbereitungskursen auch mit den Ehrenamtlichen ein und arbeiten daran bei den zweimal im Jahr stattfindenden Schulungs-Wochenenden. Dazu kommen Fortbildungsmodule durch uns Hauptamtliche oder durch externe Fachleute. Die Ehrenamtlichen werden hier und auch in der monatlichen Supervision immer wieder herausgefordert, ihr Tun und Lassen kritisch zu reflektieren, wie das auch wir Hauptamtlichen in Beratung und Seelsorge regelmäßig tun.

Die Gruppe der Ehrenamtlichen

Die Ehrenamtlichen, die in der Regel aus dem Stadt- und Landkreis Karlsruhe kommen, sind teilweise sehr eng mit ihrer Pfarrgemeinde (jeweils beider Konfessionen) verbunden und verstehen ihren Dienst bewusst als kirchliche Aufgabe. Andere wiederum haben sich gezielt auf ein Ehrenamt in einer überparochialen Beratungsstelle hin gemeldet und stehen nur locker in Kontakt zu ihrer Gemeinde. Allen gemeinsam ist, dass sie die ökumenische Gemeinschaft aus Haupt- und Ehrenamtlichen schätzen und die oben genannten Angebote auch im Sinne einer Beheimatung und als Ermutigung miteinander und untereinander nutzen. Konfessionelle Unterschiede sind – wie in der Beratung insgesamt – tatsächlich in der Praxis marginal. Aus Anlass des 40-jährigen Bestehens unserer Krisenberatungsstelle haben wir einige Ehrenamtliche befragt, was für sie das Besondere ihrer Arbeit ausmacht. Eine Ehrenamtliche hat es so formuliert:

Mir gefällt wirklich das Bild von einer echten Brücke – wir zeigen hier Wege auf, versuchen eine Brücke zu bauen zu denen und für die, die Hilfe und Rat suchen. Dieses Brückenbauen ist eine wichtige Aufgabe der Kirche. Kirche ist für alle Menschen da und wartet nicht darauf, dass die Menschen in die Kirche kommen!

Eine andere Ehrenamtliche, die seit 1989 mitarbeitet, schreibt:

1988 kam ich durch Empfehlung als Ratsuchende zur *brücke*, da ich mit meinen eigenen Problemen nicht mehr klarkam. Die wichtige Frage für mich war: ‚Was brauchen Sie?' Erst da merkte ich, dass ich mich in den Sorgen um die Anderen verloren hatte. Der Satz hat mich wachgemacht, um nach Möglichkeiten der Selbstfürsorge und anderen sinnstiftenden Aufgaben zu suchen. Als bald darauf die *brücke* nach ehrenamtlichen MitarbeiterInnen suchte, hab' ich mich angemeldet. Nach einem Jahr Vorbereitung mit Theorie und Selbsterfahrung konnte ich 1989 meinen Dienst antreten. Schnell habe ich erfahren, dass es manchmal ein schmaler Pfad ist zwischen dem eigenen Weiterkommen und einem krisenbedingten Absturz... Das ehren- und hauptamtliche Team der *brücke* ist durch ihr Dasein, ihre Präsenz in der Krise für viele in dieser Situation hilfreich und unterstützt die Ratsuchenden, ihre neuen Ziele umzusetzen. Das hat mich von Anfang an motiviert, hier mitzuarbeiten.

Und daraufhin befragt, was das Besondere am ehrenamtlichen Dienst in der Offenen Tür-Stelle sei, antwortete eine langjährige Mitarbeiterin:

Ich würde es vielleicht so sagen: Toleranz, Offenheit, Wertschätzung. Oder vielleicht auch so: ‚Jeder Mensch ist wertvoll!' Für mich ist die *brücke* nahe beim Menschen und erfüllt ihren

Auftrag als kirchliche Einrichtung. Durch die Beratung und auch auf seelsorgerlicher, spiritueller Ebene. Das habe ich hilfreich für die Besucher und auch für mich selbst erlebt und bin einfach dankbar für die vielen Erfahrungen und Erkenntnisse in meinem ehrenamtlichen Dienst!

Präsenz I – eine bewährte Haltung

Die meisten Ehrenamtlichen sind seit vielen Jahren aktiv und höchst verlässlich dabei und bringen sich mit dem wichtigen Schwellen-Dienst im Foyer und am Telefon in der sog. Präsenz treu ein. Für uns Haupt- und Ehrenamtliche hat sich für die jeweiligen Öffnungszeiten der geprägte Begriff der „Präsenz" tatsächlich als wegweisend erwiesen. Präsenz ist damit zunächst der *terminus technicus*, mit dem wir unsere einzelnen Vor- oder Nachmittagsdienste bezeichnen, bei denen jeweils ein wechselndes Team aus einer Hauptamtlichen und zwei Ehrenamtlichen für die Menschen da sind. Das vertrauensvolle und selbstverständliche Miteinander von Haupt- und Ehrenamtlichen bei gleichzeitiger funktionaler Differenzierung der Aufgaben hat sich bewährt und wird von uns in den regelmäßigen Mitarbeitenden-Versammlungen sowie in den Jahresgesprächen der Haupt- mit den Ehrenamtlichen reflektiert.

Präsenz II – die beraterisch-therapeutische Perspektive

In einem weiteren und tieferen Sinn lässt sich durch den Begriff der Präsenz auch sehr gut ausdrücken, welche beraterisch-therapeutische Haltung wir als Haupt- und Ehrenamtliche einnehmen wollen. Peter F. Schmid nennt dies im Rückgriff auf Carl Rogers den

> Aspekt der Gegenwärtigkeit (,presence') [...]: Damit wird die umfassende Haltung des Beraters als eine in unmittelbarer

Begegnungserfahrung mit seinem Klienten stehende Person bezeichnet; die hilfreiche Beziehung wird als ein Geschehen in der personalen Gegenwart deutlich, die jeweils zur Entscheidung ruft (‚personzentrierte Kairologie'). Hinsichtlich Anthropologie und Ethik erweist sich neben Bubers Begegnungsphilosophie vor allem die radikal-dialogische Philosophie Emmanuel Lévinas, die den Anderen zum Ausgangspunkt des Selbstverständnisses und Tuns hat – Lévinas verwendet dafür die Chiffre ‚Antlitz' –, als besonders fruchtbar für das Verständnis personzentrierten Handelns.[11]

In Anlehnung an den Präsenz-Begriff von Martin Lemme und Bruno Körner könnte man aus beraterisch-therapeutischer Sicht sagen, dass sich die Art der Beziehungsgestaltung sowohl am Telefon und im Foyer durch die Ehrenamtlichen als auch im Beratungszimmer durch die Hauptamtlichen an drei Kernwerten orientiert: Sicherheit, Verbundenheit und Autonomie. Zwischen und um diese drei Kernbedürfnisse eines jeden Menschen entsteht ein Resonanzraum, das „transformative Feld"[12], das Entwicklungen ermöglicht, die zuvor nicht oder nicht mehr möglich schienen. Indem wir unseren Besucher*innen möglichst viel Sicherheit, Verbundenheit und Autonomie entgegenbringen, erleben sowohl Haupt- wie auch Ehrenamtliche die Stärke dieses „grenzachtenden Umgangs miteinander", wie es in der Selbstverpflichtung der Ehrenamtlichen heißt.

---

11 P. F. Schmid, Personale Begegnung: Der personzentrierte Ansatz in Psychotherapie, Beratung, Gruppenarbeit und Seelsorge, Mainz 1989, 387-388.

12 M. Lemme und B. Körner, Die Kraft der Präsenz: Systemische Autorität in Haltung und Handlung, Heidelberg 2022, 71.

Präsenz III – die theologisch-seelsorgliche Perspektive

Traugott Roser, Professor für Praktische Theologie an der Westfälischen Wilhelms-Universität in Münster, hat jüngst in seinem Aufsatz „Präsenz als Währung der Seelsorge"[13] darauf hingewiesen, wie bedeutsam das Präsent-Sein in seinen vielen Facetten für Seelsorge und Beratung ist. Mit der Ermöglichung und Anwesenheit personaler Seelsorge durch Haupt- und Ehrenamtliche fällt meist die Entscheidung über das Ob spiritueller Begleitung, das sich aus der Krisenberatung entwickeln kann. Auch er schreibt: „Präsenz ermöglicht Beziehung. Seelsorgerliche Präsenz ermöglicht Resonanzerfahrungen."[14] Präsenz ist somit das A und O der Beratung und gegebenenfalls auch der spirituellen Begleitung: ganz präsent bei sich, ganz präsent beim anderen und präsent bei dem, was jetzt gerade geschieht. Solche Präsenz vollzieht sich in einer geschulten Offenheit für die Prozesse innerhalb der eigenen Person, beim Gegenüber in einer ganz konkreten Situation und das, was sich in einer Situation ereignet. Präsenz, so Roser, „bedeutet ein affizierbares In-der-Welt-Sein von Seelsorge."[15] Er macht damit den theologischen Bezugsrahmen dieser Arbeit deutlich:

Gottes Präsenz im Anderen ist der Urgrund diakonisch-helfenden Handelns, auch der Seelsorge: im Menschen, den wir begleiten, dem Seelsorgende begegnen, den Berater*innen unterstützen, ist Gott präsent.[16]

---

13 T. Roser, „Präsenz als Währung der Seelsorge". Zeitschrift für Pastoraltheologie Jg. 41 (2021): 41-54.

14 Ebd., 49.

15 Ebd., 51.

16 Ebd.

Mit dieser Haltung versuchen wir als Haupt- und Ehrenamtliche, den Menschen zu begegnen. Die transformative Kraft der Präsenz ist auch hier das, was uns motiviert. Und immer wieder erleben wir als Ehren- und Hauptamtliche diesen Mehrwert der Kraft der Präsenz, wenn Menschen verändert weitergehen.

Hoffnungsvolle Präsenz

Ein solch breites Verständnis von Beratung und Seelsorge als „hoffnungsvolle Präsenz"[17] macht den Begriff der Präsenz für uns in unserer Beratungsstelle zum Kennzeichen von seelsorglichem und beraterischem Da-Sein, das eine Anerkennung der Wirklichkeit von Not mit sich bringt. Seelsorge und Beratung verschafft marginalisierten Not- und Bedarfslagen Geltung und Anerkennung. Seelsorgerliche Präsenz symbolisiert und macht Gottes In-der-Welt-Sein erfahrbar. Das gilt für Seelsorge und Beratung in den Gemeinden und in den Kliniken, in den Gefängnissen und in den Seniorenheimen, und sicherlich auch in unserer Krisen- und Lebensberatungsstelle.

Ein Mantra zum Schluss

„Ich bin hier und alles ist jetzt."[18] Das Mantra der US-amerikanischen Trauma-Therapeutin Edith Eva Eger ist nicht nur der sprechende Titel ihrer Autobiografie, in der sie ihre außerordentliche Geschichte als Holocaust-Überlebende erzählt. Als Psychologin, Therapeutin und jüdische Migrantin hat sie mit diesem Präsenz-Satz auch unzähligen Traumatisierten geholfen, mit dem Trauma zu leben. „Ich bin hier und alles ist jetzt" könnte ein Motto unserer Beratungsstelle sein: sowohl für die

---

17 Ebd., 48.

18 E. Eger, Ich bin hier und alles ist jetzt: Warum wir uns jederzeit für die Freiheit entscheiden können, München 2018.

Ratsuchenden als auch für uns Haupt- und Ehrenamtliche geht es um die Präsenz hier und jetzt, aus der wir heraus unser Tun und Lassen gestalten. Die Arbeit der Ökumenischen Krisen- und Lebensberatungsstelle *brücke* wäre ohne den verlässlichen Präsenz-Dienst der 20 Ehrenamtlichen auf der Schwelle nicht möglich.

3 Exemplarische Themen der Beratung

Wann und wo immer sich Menschen „von Angesicht zu Angesicht" begegnen, können grundlegende Lebens- und Sinnfragen, Konflikt- und Entwicklungsthemen zur Sprache kommen. Dabei berühren und überlagern sich die Themen der Gespräche oft wie in einem Kaleidoskop. Insofern ist die Frage gar nicht so leicht zu beantworten, mit welchen Themen die Menschen eigentlich zu uns in die Krisenberatungsstelle kommen. Sie bringen immer sich selbst und ihre einmalige und einzigartige Geschichte mit – und zeigen im Gespräch bestimmte Ausschnitte ihres Erlebens. Dennoch gibt es einige wiederkehrende Motive, von denen ich in diesem dritten Kapitel einige herausgreifen und ausführlicher exemplarisch darstellen möchte.

3.1 Lieben und Loslassen

Ausgehend von einigen exemplarisch dargestellten Dynamiken spätmoderner Liebesbeziehungen wird der paartherapeutische Grundgedanke der Selbstberuhigung nach Tobias Ruland als Hilfe zur Emotionsregulation für die Beziehungsgestaltung entfaltet. Hypnosystemische Überlegungen zur Rolle von Spiritualität und Meditation ergänzen diesen Ansatz und erweisen sich als Chance für die Beratung von Einzelnen und Paaren.[1]

---

1 Die folgenden Ausführungen folgen meinen Überlegungen aus: Ch. Lang, „Lieben", Pastoralblätter Jg. 162 (2022): 773-776.

Fall-Vignetten – Beziehungskiste

Frau und Herr E. (beide etwa 60) kommen zunächst jeweils allein in die Beratungsstelle. Aufgrund der Tatsache, dass unsere Beratung auf Wunsch anonym stattfindet, wird erst nach zwei Gesprächen deutlich, dass die beiden ein Ehepaar sind. Während Frau E. über mangelnde Empathie ihres Mannes klagt, berichtet Herr E. unter Tränen vom gemeinsamen Hausbau-Projekt, bei dem er die ganze Last der Entscheidungen allein zu tragen habe. Im Lauf der Folgegespräche hole ich mir die Erlaubnis, den Ehepartner darüber zu informieren, dass ich mit beiden im Gespräch bin. Ein gemeinsames Gespräch mit mir als Berater können sich beide erst nach einigen Folgeterminen vorstellen. In der Paarberatung arbeiten wir dann an der Klärung der Frage, ob und wie es eine gemeinsame Zukunft geben könnte.

Drei junge Erwachsene (alle Mitte 20) sitzen mir in unserem Gruppenraum gegenüber, zwei Frauen und ein Mann, alle in Ausbildung oder Studium. Nach kurzer Zeit zeigt sich, wie verwickelt die drei jungen Menschen miteinander sind: Während sich eine der beiden Frauen eine exklusive Paarbeziehung mit dem Mann wünscht, will er eine offene Beziehung mit beiden Frauen leben. Die andere junge Frau kann sich mit beiden Personen eine offene und intime Beziehung vorstellen und wünscht sich das auch. Da die drei in einer Wohngemeinschaft leben, stellt sich die Frage, wie dieses Konzept von wem gelebt werden kann und welche Dynamiken dabei zu erwarten sind.

Ein Mann (Mitte 30) berichtet von seinem Umzug und dem Zurücklassen des alten Freundeskreises und der Arbeitsstelle, um nun näher bei seinem Lebenspartner sein zu können. Seit dem Umzug vor einigen Monaten erlebt er, wie er sagt, depressive

Episoden und möchte ergründen, ob und wie das mit seiner
Entscheidung zusammenhängt, für den Partner das alte Lebens-
umfeld mit den besseren Karrierechancen verlassen zu haben. In
den folgenden Gesprächen will er herausfinden, was er tun
kann, um die Liebesbeziehung zu seinem Partner zu stabilisie-
ren, ohne die Beziehung zu überfordern. Dabei gerät die Dynamik der beiden psychosozialen Grundbedürfnisse Autonomie
und Verbundenheit immer wieder in den Fokus.

Lieben und Loslassen

Während ich (weiß, heterosexuell, seit fast 30 Jahren verheiratet)
diese Zeilen schreibe, küssen sich an der Straßenecke zwei junge
Frauen ganz selbstverständlich. Daneben scheint ein Papa mit
seiner neuen Partnerin Kinder in Empfang zu nehmen. Die
Mutter der Kinder geht in eine andere Richtung weg. Auf der
anderen Straßenseite blinkt das rote Herz eines Bordells. Einer
meiner Besucher aus der Beratungsstelle geht mir durch den
Kopf. Kaum ein Gespräch, bei dem es nicht um Sex geht. „Ich
muss halt einfach in den Puff gehen, weil ich den Scheiß aus dem
Internet dauernd angucke." Modern Love. Konzepte und Be-
griffe wie Outing, Regenbogenfamilie, Polyamorie, Transsexu-
alität und dergleichen spielen auch in Seelsorge und Beratung
eine wichtige Rolle. Scheinbar unendliche Möglichkeiten sich
zu verlieben und sich lieben zu lassen, und zugleich viel Unsi-
cherheit nicht nur bei jungen Menschen. Und im Netz mehr

Antworten als Fragen zu all den Themen rund um Liebe, Partnerschaft und Sexualität.[2]

Der Schein des Anderen: Empathie und Virtualität

Der Heidelberger Philosoph und Psychiater Thomas Fuchs analysiert das Bindungsverhalten in Zeiten der Digitalisierung und
der Virtualisierung unseres Alltags so:

> Noch wissen wir zu wenig über die langfristigen Folgen dieser
> Entwicklung. Aus Längsschnittstudien gibt es Hinweise auf ei-
> nen signifikanten Rückgang empathischer Fähigkeiten seit der
> Jahrhundertwende. Eine wahrscheinliche Ursache dürfte in der
> Zunahme virtueller Beziehungen und fiktionaler Empathie lie-
> gen, verbunden mit einer Verringerung zwischenleiblicher Er-
> fahrung. Zwar schaffen virtuelle Medien ausgedehnte Netzwerke
> schwacher Bindungen, die sich ohne aufwändige Investitionen
> aufrechterhalten und abrufen lassen. Doch die Quantität der
> Kontakte im homogenen virtuellen Raum tritt offenbar zuneh-
> mend an die Stelle der Qualität empathischer Beziehungen und
> vertiefter Bindungen im leiblichen Raum abgestufter Nähe und
> Intimität.[3]

Thomas Fuchs verweist auf den engen Zusammenhang zwischen Empathie und Bindungsfähigkeit. Weil viel Zeit mit

---

2   Vgl. dazu treffend M. Scherer, Hingabe: Versuch über die Verschwendung,
    Springe 2021, 14-15: „Romantik und Begehren waren gestern, heute regiert
    auf den digitalen Liebes- und Sexualmärkten das freie Spiel von Angebot und
    Nachfrage. Die Zeitgenossen quält dementsprechend die chronische Unsi-
    cherheit ob des je eigenen Marktwertes."

3   T. Fuchs, Verteidigung des Menschen: Grundfragen einer verkörperten An-
    thropologie, Berlin 2020, 138.

Online- statt mit realen Interaktionen verbracht wird, verändert sich die interpersonelle Dynamik der Empathie. So ist es zwar leichter geworden, Freundschaften und Beziehungen online zu etablieren, doch diese Fähigkeiten lassen sich nicht in reibungslose soziale Beziehungen im wirklichen Leben übertragen. Gleichzeitig haben die sicheren Bindungsstile bei jungen Menschen in den letzten Jahrzehnten signifikant ab- und die unsicheren Bindungsstile zugenommen. Neue Kommunikationsmedien haben die Empathie- und Bindungsfähigkeiten von Jugendlichen nicht gesteigert, sondern eher beeinträchtigt.

Entscheidungen und Abbrüche: first cut

In der Krisen- und Lebensberatungsstelle wie auch in meiner Zeit als Gemeindepfarrer beobachte ich diese Phänomene. Hochzeitspaare lernen sich selbstverständlich im Internet kennen. Alltagskonflikte bei jungen Paaren entzünden sich immer öfter an der Nutzung von social media. Und wie schwer es für Jugendliche und junge Erwachsene geworden ist, sich in einer Beziehung wirklich zu binden, sich füreinander zu entscheiden, zeigen die vielen Gespräche mit jungen Menschen rund um Partnerschaftsfragen. Da ist auf der einen Seite das Idealbild der ewigen Liebe, durch moderne Medien treffend inszeniert bis hin zur Hochzeit in Weiß. Und auf der anderen Seite scheint die Sache mit der Entscheidung für diesen einen Menschen zugleich so mühsam. Eine junge Studentin kommt zum Gespräch in die Beratungsstelle. Es geht um den „first cut". Der Freund, mit dem sie seit fünf Jahren zusammen war, hat vor drei Wochen per Mobiltelefon „Schluss gemacht". Es ist ihr körperlich anzusehen, wie sehr sie leidet. „Es ist alles sinnlos und der Schmerz wird niemals weggehen." Im Zuhören und vorsichtigen Annehmen dessen, was ist, gelingt eine allmähliche Beruhigung im Erstgespräch. In der Verwirrung des Moments mischen sich Trauer und Wut mit kurzem Lächeln und der verwegenen Hoffnung, dass es doch noch einmal werden könnte. Warum tut es so weh? Mit dem Hohenlied der Liebe mag man raunen: „Liebe ist stark wie der Tod und Leidenschaft unwiderstehlich wie das Totenreich. Ihre Glut ist feurig und eine gewaltige Flamme" (Cant 8, 6).

Entscheidungen und Abbrüche: dead end

Aber auch nach sehr langer Zeit der Partnerschaft kann sich die einst getroffene Entscheidung jetzt als nicht mehr haltbar erweisen. Ohne Frage können sich Paarbeziehungen so entwickeln, dass eine Trennung der bessere Weg des Miteinanders ist als das weitere Zusammenleben. Pastoraltheologisch interessant war für mich die Erfahrung, wie meine Gemeinde damit umging, als ein Ehepaar im Dorf erzählte, dass der Pfarrer sie bei ihrer Trennung begleiten werde. Wie ein Lauffeuer verbreitete sich die Botschaft: Die trennen sich mit dem Segen des Pfarrers! Das stimmte so, auch wenn es zu diesem Zeitpunkt noch keine Agende dafür gab. Mir schien es richtig, die beiden nicht allein zu lassen. Die sich anschließenden Gespräche im Ältestenkreis waren konstruktiv und haben für das Thema Trennung und Scheidung sensibilisiert. Wege aus der Sackgasse haben dann manchmal auch mit Umkehr, mit neuem Denken, mit Fragen von Schuld und Vergebung zu tun, und das auf allen Seiten.[4]

---

4   Im Zusammenhang der Themen Schuld und Vergebung arbeite ich gerne mit Ideen von Konrad Stauss, Die heilende Kraft der Vergebung: Die sieben Phasen spirituell-therapeutischer Vergebungs- und Versöhnungsarbeit, München [5]2010.

Entscheidungen und Abbrüche: long love

Wenn ich mich frage, was mich bei Ehejubiläen immer wieder berührt, dann ist es die Art und Weise, wie es zwei Menschen miteinander schaffen, in allen Veränderungen aufmerksam und respektvoll miteinander zu bleiben. Wie es ihnen gelungen ist, nichts von alledem selbstverständlich zu erachten und wie sie, je älter sie werden, dem anderen immer noch zeigen, wie kostbar und wertvoll diese Beziehung für sie ist. Paaren, die schon lange miteinander unterwegs sind, steht vermutlich oft genug auch die eigene Endlichkeit vor Augen – durch Krankheit oder Abschiede von Gleichaltrigen. So ist in den Gesprächen rund um Ehejubiläen oft zu hören: „Nichts ist selbstverständlich! Jeder Tag ist ein Geschenk!" Der einstmaligen Entscheidung füreinander sind im Laufe des gemeinsamen Weges immer wieder kleine neue Entscheidungen füreinander gefolgt. Oft zeigt sich gerade die Generation der Enkel vom Lebensweg der Ehejubilare beeindruckt und wünscht sich selbst diesen Mut der Entscheidung. In einer postmodernen Multioptionsgesellschaft, in der Werte wie Agilität, Flexibilität und Diversität in vielen Lebensbereichen dominant sind, hat es die verbindliche lebenslange Partnerschaft nicht gerade leicht. Doch ohne das Wagnis der Entscheidung, dem im Verlauf einer Partnerschaft die notwendige Beziehungsarbeit folgen wird, kann sich ein Paar nicht entwickeln und nicht miteinander und aneinander wachsen. Eine freiwillige Bindung bedeutet eben nicht Gebundensein, weil Bindung und Autonomie, Nähe und Distanz, zwei sich bereichernde Pole des Menschseins sind. Spielräume und Wachstumspotentiale tun sich auf, die jenseits eines märchenhaft romantischen Ideals liegen. Es war erstaunlicherweise Ernst Bloch, der sich zum Entscheidungscharakter der Ehe in seinem Werk „Das Prinzip Hoffnung" im ersten Band sehr poetisch äußerte:

Gesunde Ehe ist ein undramatisches Ding. Und trotzdem ist Ehe so fern von einem bloßen moralischen Nachtrag zur Liebe, dass sie gerade im Vergleich zu ihr ein seltsam Neues darstellt: das Abenteuer erotischer Weisheit. So tausendmal besser Liebesleid ist als unglückliche Ehe, an der überhaupt nur noch Leid ist und Fruchtloses, so zerstreut sind die Landabenteuer der Liebe gegen die große Schifffahrt, die Ehe sein kann und die mit dem Alter nicht aufhört, nicht einmal mit dem einseitigen Tod.[5]

Wenn der Alltag überfordert

Dass die Komplexität des Alltags und die permanente Reizüberflutung, der sich viele ausgesetzt sehen, gerade jene „große Schifffahrt" (E. Bloch) der verbindlichen Partnerschaft erschweren, zeigt sich auch in Seelsorge und Beratung. Im kollegialen Austausch unserer Beratungsstelle taucht in letzter Zeit immer wieder ein Phänomen auf, ich nenne es gerne „digitales Hyperventilieren". Beziehungen drohen zu eskalieren, der Einzelne sieht sich einer Kette von Kränkungen ausgesetzt, weil via digitalem Messenger persönliche Befindlichkeiten und Stimmungsschwankungen im Sekundentakt übermittelt werden. Anstatt in Ruhe zu überlegen, welche Reaktion auf den Reiz erfolgen könnte, „ballern" sich manche Paare regelrecht zu mit Kurznachrichten und snaps – meist nicht im Sinne eines wertschätzenden Umgangs miteinander. Auch schon das einmalige Ausbleiben des sonst üblichen „Ich denke an Dich" kann zu einer Kränkung werden. Neben der Disziplin, die es einzuüben gilt im Umgang mit den modernen Kommunikationsmitteln, fällt zugleich auch ein interessantes Licht auf typische Kommunikationsmuster von Paaren, auch jenseits des Digitalen und Virtuellen. Vieles von dem, was sich online wie analog abspielt, lässt mit

---

5   Vgl. E. Bloch., Das Prinzip Hoffnung, Bd. 1, Frankfurt 1985.

einem Schlagwort des Paartherapeuten Tobias Ruland zusammenfassen – es geht um die Fähigkeit zur Selbstberuhigung.[6] Sie ist die wahrscheinlich bedeutsamste Fähigkeit, konstruktive, kooperative und gedeihliche zwischenmenschliche Beziehungen zu fördern. Was Ruland damit meint, beschreibt er wie folgt:

> Es kommt nicht in erster Linie darauf an, dass ein Mensch sich in einen entspannten Zustand begibt (was selbstverständlich per se angenehm ist), sondern darauf, dass ein Mensch lernt, sich selbst zu entspannen (und zwar ohne externe Hilfsmittel).[7]

Als effektive Methoden nennt er dabei u.a. autogenes Training, Yoga, Meditation, und nicht zuletzt das Gebet. „An Übungen, Aufmerksamkeit und Selbstentspannung zu trainieren, herrscht kein Mangel, indes: Man muss es auch regelmäßig tun!"[8]

Spirituelle Zugänge zur Selbstregulierung

Dass hiermit Formen wie die des Gebets und der Meditation in den Fokus der Paarberatung geraten, sollte uns als Seelsorgende aufhorchen lassen. Der spirituelle Schatz einer stimmigen *praxis pietatis* scheint – vermutlich keine ganz neue Erkenntnis – sich positiv auf die Paarbeziehung auszuwirken. Wo immer es mir möglich und angemessen scheint, bringe ich diese Aspekte ins Gespräch ein und lade dazu ein, sich auf spirituelle Übungswege einzulassen, gebe Hilfestellungen oder verweise auf kirchliche und psychosoziale Angebote dazu. Es scheint einen neuen Bedarf und eine neue Sehnsucht zu geben nach Formen der

---

6   Vgl. T. Ruland, Die Psychologie der Intimität. Was Liebe und Sexualität miteinander zu tun haben, Stuttgart 2015, 238.

7   Ebd., 145.

8   Ebd.

Einübung in formgebende Alltagsstrukturen in einer höchst komplexen und oft als Überforderung erlebten Welt. Letztlich geht es dabei um eine heilsame Disziplin, sowohl im Blick auf den Umgang mit den neuen Medien als auch im Blick auf eine spirituelle Praxis im Alltag. Übungen und Formen, die den Alltag und mich selbst strukturieren, mich entspannen, im tiefsten Sinne mich beruhigen können. Diese könnten ein wichtiger und konstruktiver Beitrag der Kirchen sein zum Liebesleben vieler Paare, die sich in Seelsorge und Beratung an uns wenden.

3.2 Unterbrechen und Pause machen

„Die kürzeste Definition von Religion ist Unterbrechung"[9] (Johann Baptist Metz). Ausgehend vom Wechselspiel zwischen persönlichen und globalen Krisen im Kontext der Pandemie-Erfahrungen der Jahre 2020/2021 wird das Dictum von Johann Baptist Metz aus Sicht der Krisenberatung und Seelsorge entfaltet. Neu entstandene „Zwangspausen" haben alte Themen ans Licht gebracht und verstärkt. In diesem Zusammenhang wird einerseits auf die Bedeutung von Mini-Pausen als Burnout-Prophylaxe verwiesen. Andererseits wird zu einer Wiederentdeckung der Rhythmisierung des Alltags durch spirituelle Praxis eingeladen. Sie kann heilsames Mittel gegen Erschöpfung werden und verweist auf die größere Frage nach dem, was uns gesellschaftlich und global erschöpft – und woraus wir im Aufhören Kraft schöpfen könnten.[10]

Fall-Vignetten – Rhythmisierung

Herr F. (Anfang 30) berichtet im Erstgespräch davon, dass er seit einer Woche aufgrund einer Erschöpfungsdepression krankgeschrieben sei. Die Arbeit sei ihm „über den Kopf gewachsen", der Druck habe immer mehr zugenommen, er habe versucht, pausenlos zu „liefern", was auch von seinem Vorgesetzten erwartet worden sei – aber jetzt könne er einfach nicht mehr. Bereits im ersten Gespräch kommen wir auf die Bedeutung der

---

9   Vgl. J. B. Metz, Glaube in Geschichte und Gesellschaft: Studien zu einer praktischen Fundamentaltheologie, Mainz ⁵1992.

10 Die Grundgedanken dieses Abschnitts habe ich ausgeführt in: Ch. Lang, „Die Kunst der Pause", Pastoralblätter Jg. 161 (2021): 824-828.

Pausen zu sprechen. In den Folgeterminen loten wir miteinander aus, wo es ihm gelingen könnte, jetzt schon im Alltag bewusst Pausen einzubauen.

Frau G. (Ende 50) ist seit längerer Zeit schon krankgeschrieben. Ihr Leben ist in den letzten Jahren von diversen Klinikaufenthalten, Reha-Maßnahmen und Arztbesuchen geprägt. In den Gesprächen zeigt sich, dass Frau G. mit ihren unterschiedlichen Diagnosen, darunter auch ADHS, gleichsam „vollbeschäftigt" ist. Dennoch kommt sie in gewisser Regelmäßigkeit ohne Termin in die offene Sprechzeit und nimmt auch entsprechende Wartezeiten in Kauf. Meist kommt sie mit hohem Druck, ist sehr erregt und voller Ärger über ihre Erfahrungen mit den entsprechenden Hilfesystemen. Auf die Frage nach ihrem Anliegen nennt sie immer wieder, dass sie das kurze Entlastungsgespräch, das wir ihr anbieten können, als Pause, als Auszeit von ihrem Kranksein betrachtet – und dass dies völlig ausreichend und absolut wertvoll für sie sei.

Herr H. (38), erfolgreicher Unternehmer, Vater von zwei kleinen Kindern, kommt zunächst aufgrund einer Suchterkrankung in unsere Beratungsstelle, um sich über weitere Hilfsangebote zu informieren. In der Zeit bis zum Beginn seiner ambulanten Therapie bittet er um monatliche Termine, in denen er immer wieder über die für ihn belastende familiäre Situation zu Hause sprechen möchte. Auf die Anregung hin, gezielt Pausen im Familienalltag einzuplanen, entwickelt er selbst im Gespräch Ideen dazu, wie eine Rhythmisierung und Strukturierung der Morgen- und Abendrituale seinen Kindern, seiner Partnerin und ihm selbst helfen könnten, weniger zu streiten und mehr miteinander zu erleben. Zusammen mit seinem ältesten Sohn, der als Grundschüler bereits lesen kann, entdeckt die Familie nach und nach das Ritual der gemeinsamen Gute-Nacht-Geschichte, die auch den Erwachsenen guttut.

Unterbrechen und Pause machen

Es ist eine meiner Lieblingsszenen: „Klassische Musik ist zu lang", so der Titel des herrlich komischen Stücks. Der holländische Musik-Kabarettist Hans Liberg spielt ein Klavierkonzert von Tschaikowski – und lässt alle Pausen einfach weg. Das Publikum biegt sich vor Lachen bei so viel Nonsens. Es klingt furchtbar. Doch die Pointe ist schnell klar: „Ohne die Pausen ist das Stück völlig uninteressant", raunt er mit holländischem Akzent verschmitzt ins Mikrofon. Diese Szene fiel mir immer wieder ein, als es darum ging, mit den mehr oder weniger Corona-bedingt erzwungenen Pausen in Seelsorge und Beratung konstruktiv umzugehen. Pausen in der Musik wie im Alltag sind absolut unverzichtbar. Durch das vielfältig unterbrochene Erleben der Krisenzeit wird die Bedeutung der Unterbrechung, die Ambivalenz des Freiraums, die Erfahrung des Nicht-Möglichen auf ganz besondere Weise deutlich. Und das war und ist natürlich keineswegs immer zum Lachen. Für manche Ratsuchende in unserer Krisen- und Lebensberatungsstelle haben die neuen „Zwangspausen" manche alten Themen ans Tageslicht gebracht. Ungeklärte Beziehungsfragen tauchen auf. Ein ausbeutender Umgang mit sich selbst zeigt sich jetzt deutlicher. Oder es stellen sich tieferliegenden Fragen, ob die Prioritäten im eigenen Leben richtig gewählt sind. Der neue Stress durch eine Menge Unplanbares und Unvorhergesehenes und die tatsächlichen Anforderungen an das Miteinander in einer Pandemie haben manche Probleme verstärkt wie in einem Brennglas. „Die Krise ist wie eine Lupe", meinte eine Kollegin, „was jetzt kränkt, geht deutlich tiefer. Und was jetzt schön ist, tröstet wohl auch tiefer und vielleicht auch nachhaltiger." Wer mit Arbeitslosigkeit zu kämpfen hat oder nicht arbeiten kann, für den können erzwungene Pausen nicht nur in Krisen-Zeiten unter Umständen das Gefühl verstärken, dass alles aus dem Ruder läuft. Da ist die Pause zu lange, zu schwerwiegend, sie legt sich auf die Seele wie eine große unerträgliche Stille.

Erzwungene Unterbrechungen als Zeitgeschenk

Für andere wiederum waren und sind die Unterbrechungen und neu verordneten Pausenzeiten fast wie eine Entdeckung und wie ein Geschenk. „Ich habe tatsächlich gelernt, mein Normaltempo zu drosseln. Ich mache jetzt bewusst mehr Pausen", sagt eine Besucherin. „Den Espresso am Ende der Mittagspause nutzen mein Partner und ich, um uns für einen Moment bewusst in die Augen zu schauen: Schön, dass es Dich gibt!" In der hohen Alltagsgeschwindigkeit, die viele von uns erleben, gehört die Wiederentdeckung der Pause vielleicht zu den Dingen, für die manche im Rückblick auf die Krise dankbar sind. Auch lernpsychologisch ist die Pause nachgewiesenermaßen die Zeit, in der das Gehirn Dinge verarbeiten und abspeichern kann. Gerade durch die Unterbrechung, den Moment der Ruhe oder bewussten Stille, sortiert „es" sich in unseren Herzen und Köpfen. Für eine sehr aufgeregte und ehrgeizige ehrenamtliche Organistin war das einmal der Schlüsselmoment in der Beratung. Sie entschloss sich dazu, künftig nicht bis kurz vor Beginn des Gottesdienstes zu üben, sondern sich bewusst vor dem Beginn eine Pause zu verordnen. So konnte sie gesammelt starten und, wie sie berichtete, mit deutlich weniger Aufregung und fast fehlerfrei ihren besonderen musikalischen Beitrag zum Gottesdienst zu Gehör bringen. Dabei half ihr die Pause vor dem eigentlichen Spiel. Leib und Seele brauchen diese Unterbrechungen. Mein ganzes Ich braucht das, um sich auch emotional gesund entwickeln zu können. So kann ich beim Innehalten wahrnehmen was ist und versuchen, selbsterforschend freundlich auf mich zu schauen. Auf diesen wichtigen Aspekt der Selbstleitung hat die Zürcher Sozialforscherin Gabriela Muri immer wieder hingewiesen. Sie sagt: „Das Management der eigenen Zeit ist eine anspruchsvolle und notwendige soziale Kompetenz wie Lesen und Schreiben." Darum sei die Synchronisation der Zeit kompliziert, etwa mit dem Partner oder der Partnerin, aber eben auch eine Chance. Die Resonanzen aus Beratung und Seelsorge zeigen es. „Seit wir am Samstagmorgen ausführlich gemeinsam frühstücken und danach die folgende Woche in den Blick nehmen, ist unser Familienalltag deutlich entspannter geworden. Fast wie eine Atempause – wenn Eltern und Kinder erzählen können, was gut war, was sie sich wünschen für die neue Woche." Und dann überlegen sie gemeinsam, wer sich wie einbringen könnte in dieser jungen Familie. Erfahrungen, für die eine solche kleine Atempause, eine bewusst gestaltete Zeit, viel Veränderung ermöglicht hat.

Leben und Arbeiten in der 24/7-Gesellschaft braucht Pausen

Unser Alltag, der sehr stark von Arbeit und vom Tätigsein geprägt ist, wird an vielen Stellen fremdbestimmt. Nicht zuletzt die Digitalität der Kommunikation spielt dabei eine wesentliche Rolle. Vermutlich werden die meisten zustimmen: Etwas Unerledigtes bleibt immer zurück. E-Mails, die man beantworten, Meetings, die man vorbereiten sollte. Es gibt immer noch ein Projekt, an dem man eigentlich arbeiten will, erst recht, wenn man die eigene Arbeit als sinnvoll erlebt. Die Zeit jenseits der Arbeit als freie Zeit zu erleben, wird schwieriger. Und auch Freizeit kann sich wie Arbeit anfühlen, wenn man sie mit Terminen verplant und durchtaktet. In der 24/7-Gesellschaft, in der

jede und jeder immer und überall erreichbar sein soll, ist es ja
schon seit längerer Zeit zu einer Entgrenzung zwischen Arbeit
und Freizeit gekommen.[11] Diese Phänomene spiegeln sich auch
in den Anliegen der Menschen in unserer Krisen- und Lebensberatungsstelle. Unser fünfköpfiges Team versucht dann, mit
den Ratsuchenden die erzwungenen oder gewollten Unterbrechungen zur Reflexion zu nutzen. Dahinter steht die Überzeugung, dass die fehlende Kultur des Pausierens sich auf jeder Ebene unseres Erlebens widerspiegelt. Sowohl individuell als auch
gesellschaftlich und global können Pausen dazu dienen, dass der
Einzelne, die Gemeinschaft und auch unser verletzlicher blauer
Planet wieder zu Atem finden.

Vom Wissen jenseits der Worte und Töne

Was im Alltag als Pause eingeübt werden kann, zeigt sich auch
in den Prozessen der Seelsorge und der Beratung selbst. Hier ist
die Pause bewusst gesetzt, sie ist gewollt und sie darf ganz konkret sein. In einem Moment des gemeinsamen Schweigens, das
miteinander ausgehalten wird, jenseits der Worte, entwickelt
sich manchmal „etwas". Und auch wer keine Worte findet, soll
sich willkommen wissen in Seelsorge und Beratung. Ein Prinzip
der Beratung, das beim Focusing[12], einer Methode nach Eugene
T. Gendlin akzentuiert wird, ist das bewusste Pausieren im Gespräch. Es ist ein achtsames Spüren zum aktuellen körperlichen
Erleben in der Beratungssituation mit der Idee, dass dieses Pausieren mich jetzt den Moment aufmerksam und konzentriert

---

11 Vgl. J. Crary, 24/7 – Schlaflos im Spätkapitalismus, Berlin 2021.

12 Vgl. E. T. Gendlin, Focusing – Selbsthilfe bei der Lösung persönlicher Proble-
    me, Reinbek 2007. Eine interessante Verbindung von Spiritualität und Focu-
    sing bieten: Peter Campbell und Edwin McMahon, BioSpiritualität: Glaube
    beginnt im Körper, München 1992.

erleben lässt. Dabei ergeben sich im Gespräch nach dem Moment des Pausierens oftmals interessante Neuigkeiten, die zuvor körperlich spürbar waren, ohne dass der Verstand schon in Sprache fassen konnte, was das Neue ist. Noch ohne Worte formt sich „etwas", das dann bedeutungsvoll wird. Dem nachzuspüren und nach den Pausen reflektierend und ohne Erfolgsdruck auf das Erlebte zu schauen, kann ganz neue Einsichten hervorbringen. In den Beratungsgesprächen machen Menschen bei längeren Gesprächsreihen dazu eine weitere interessante Erfahrung. Zwischen den einzelnen Terminen, in den Gesprächspausen bis zum nächsten Treffen, verändert sich etwas, über das wir beim nächsten Treffen ins Staunen geraten. Das Gespräch ist somit das eine. Die Zeit dazwischen mit der Pause ist das andere. Beides ist wichtig für den Prozess und für den eigenen Weg und lässt sich aufeinander beziehen.

(Neue) Pausen-Rituale entwickeln

In den speziellen Beratungen rund um das Thema Erschöpfungszustände oder Burnout spielt das Ritual der Pause schließlich auch eine ganz herausragende Rolle. Als Hilfe und Anleitung zu einer konstruktiven Selbstleitung schlage ich in einem ersten Schritt oft vor, ein festes neues Ritual des Innehaltens zu entwickeln.[13] Zum Beispiel mit der Idee, mit dem eigenen Lebensalter Zeiteinheiten zu bilden. Einem 52jährigen empfehle ich: Mindestens einmal am Tag für 52 Sekunden ganz bewusst pausieren. Sich selbst freundlich anschauen. Die gerade laufende Aktivität unterbrechen. Gezielt etwas Schönes machen. Bewusst atmen. Und Frühsignale der Erschöpfung wahrnehmen und gegensteuern. Oder auch: Einmal in der Woche 52 Minuten lang

---

13 Vgl. U. Pilz-Kusch, Burnout. Frühsignale erkennen – Kraft gewinnen. Das Praxisbuch für Trainer, Berater und Betroffene, Weinheim 2012.

spazieren gehen oder ins Grüne radeln. Eine solche Übungsidee mit neuen Pausen-Ritualen würde aus Sicht der Resilienz-Forschung dazu beitragen, Menschen nicht nur in Krisenzeiten seelisch zu stärken. So können Pausen-Rituale dazu dienen, die Selbstwahrnehmung zu fördern. Ich kann einüben, mich realistisch und anerkennend zu sehen. Dann ist da die Akzeptanz. Ich kann die Pause, die Unterbrechung als Impuls verstehen, anzunehmen, was ist. Pausen können uns dazu helfen, unseren Alltag zu rhythmisieren und auf Selbstwirksamkeit zu achten. Ich gestalte so meinen Tag selbst und handle bewusster. Schließlich können Pausen, wo wir das zulassen, auch eine spirituelle Übung ermöglichen oder beinhalten. Ich kann mich daran erinnern, dass ich Teil von etwas Größerem bin.

Der größere Zusammenhang

Es ist ein großer Schatz, dass die drei Weltreligionen Judentum, Christentum und Islam verschiedene Formen von Pausen kennen. Im ritualisierten Rhythmus der Woche spielt dabei der „Aufhörtag" eine zentrale Rolle. Er ermöglicht die Hinwendung zu Gott und bietet zugleich Raum für die Rekreation des Menschen. Auch in unserer spätmodernen Gesellschaft bleibt die sonn- und feiertägliche Pause eine Chance, die Hamsterräder des atemlosen Konsums bewusst und gezielt zu unterbrechen. In Abwandlung des anfangs erwähnten Zitats von Hans Liberg könnte man sagen: Ohne Pausen ist das ganze Leben völlig uninteressant. Es ist zudem viel zu kurz und zu kostbar, um es ohne qualitätsvolle Pausen zu verbringen! Die Kunst der Pause ist somit nicht nur etwas für Komponisten, Musiker oder Kabarettisten. Sie kann im Alltag entdeckt, erlernt und eingeübt werden. Die vielstimmige Resonanz derer, die Beratung und Seelsorge für sich nutzen, zeigt immer wieder, dass sich das Entdecken und Einüben von Pausen lohnt. Es ist für Leib, Seele und Geist

heilsam. Auf wunderbar theopoetische Weise hat dies Dorothee
Sölle in ihrem Gedicht „Du sollst dich selbst unterbrechen" [14] auf
den Punkt gebracht:

> Du sollst dich selbst unterbrechen
>
> Zwischen Arbeiten und Konsumieren
> soll Stille sein und Freude,
> dem Gruß des Engels zu lauschen:
> Fürchte dich nicht!
>
> Zwischen Aufräumen und Vorbereiten
> sollst du es in dir singen hören,
> das alte Lied der Sehnsucht:
> Maranata, komm, Gott, komm!
>
> Zwischen Wegschaffen und Vorplanen
> sollst du dich erinnern an den ersten Schöpfungsmorgen,
> deinen und aller Anfang,
> als die Sonne aufging ohne Zweck
> und du nicht berechnet wurdest
> in der Zeit,
> die niemandem gehört
> außer dem Ewigen.

---

14 D. Sölle, Die Wahrheit macht euch frei. Gesammelte Werke, Bd. 4, hg. von Ursula Baltz-Otto und Fulbert Steffensky, Stuttgart 2023, 251.

3.3 Kämpfen und Standhalten

Der Artikel entfaltet in Weiterführung zu Überlegungen von Reinhard Tausch und Helmuth Beutel die Idee einer „palliativen Seelsorge" bei lang andauernden Begleitungen. Durch die pure Präsenz der Beraterin oder des Seelsorgers werden Menschen in ihrem alltäglichen Kampf ums psychische Überleben so weit stabilisiert, dass keine Klinikeinweisung mehr erforderlich wird. Ein Transfer hypnosystemischer Ideen verweist zusätzlich im Kontext von Seelsorge auf die mögliche Depot-Wirkung von Liedern, Gebeten und biblischen Texten.[15]

Fall-Vignetten – Palliative Seelsorge

Frau I. (Ende 60) kommt seit vielen Jahren in die Beratungsstelle. Sie nutzt die offenen Sprechzeiten, um im Foyer „seelisch zu verschnaufen", wie sie sagt. Regelmäßig, wenn der Andrang neuer Besucherinnen und Besucher nicht zu groß ist, meldet die alleinstehende Dame bei den Ehrenamtlichen einen Gesprächswunsch an. Im eher kürzeren Beratungsgespräch geht es dann meist um kleine alltägliche Herausforderungen mit oft wiederkehrenden Themen. Nach vielen langen Jahren mit ambulanter und stationärer Therapie erwartet sie keine großen Veränderungen, ist aber jedes Mal dankbar für den Kontakt.

Herr J. (Mitte 60) war bereits vor zwanzig Jahren und dann immer wieder zu bestimmten Zeiten in Kontakt mit unserer Beratungsstelle. Damals noch berufstätig, war die Begleitung und

---

15 Zu den Ausführungen in diesem Kapitel vgl. Ch. Lang, „Kämpfen", Pastoralblätter Jg. 163 (2023): 378-381.

Beratung im Blick auf seine Tätigkeit in einer großen Firma ein roter Faden. Wenn er jetzt etwa alle zwei Wochen zu einem Termin vorbeikommt, geht es um das Alleinsein, die Einsamkeit und die Mühe, mit anderen Menschen in Kontakt zu kommen. Die Anliegen, die er mitbringt, wechseln von Mal zu Mal und ähneln sich doch immer wieder. Der Kontakt zum Berater scheint ihm, wie er es selbst beschreibt, einfach gut zu tun, ohne dass er jedes Mal genau sagen könnte, warum.

Frau K. (Mitte 40) hat nach einer längeren Pause während der Corona-Pandemie wieder den Kontakt zu unserer Beratungsstelle gesucht und sich zunächst telefonisch gemeldet, nachdem sie vor Jahren schon immer für sehr kurze Gespräche meist gegen Ende der Öffnungszeiten kurz vorbeischaute. Jetzt kommt sie wieder regelmäßig meist gegen Abend und sucht, falls niemand anderes mehr auf ein Gespräch wartet, den Kurzkontakt von 5-10 Minuten mit mir. Im Wesentlichen, so sagt sie, geht es ihr darum, mit einem echten Menschen im Kontakt zu sein. Das sei für sie in etwa so eine Erfahrung, wie wenn man in einen Spiegel schauen und sich darin sehen könne. Meist geht es hier gar nicht um Themen oder Fragestellungen, sondern eher darum, dass die Besucherin sich selbst für einen Moment spüren und wahrnehmen kann, wie ihre psychische Verfassung ist.

Kämpfen und Standhalten

Vor allem bei jüngeren Menschen fällt mir in letzter Zeit auf, dass ich mich während Beratungsgesprächen innerlich Sätze sagen höre wie: „Das Leben ist kein Ponyhof!" Oder: „Come on, Sie sind noch jung, da lohnt es sich, dafür zu kämpfen!" Das alte Bild vom Lebenskampf, biblisch wie psychologisch durchaus aufgeladen, kommt mir immer wieder in den Sinn in solchen Gesprächen. Biblische Zitate rund ums Kämpfen ermutigen meist zu einem tapferen „Dennoch" angesichts widriger Umstände. Psychologische Kampf-Metaphern können sich auf das fight-flight-freeze-Muster berufen. Dies erklärt rational und evolutionsbiologisch, warum wir manchmal kämpfen, manchmal flüchten, und manchmal in der Schockstarre verharren. In Seelsorge und Beratung braucht es darum immer wieder die Ermutigung, genau hinzuschauen, ob eingeschliffene Muster hilfreich sind zur Bewältigung einer Krise, oder ob sich etwas Dysfunktionales eingeschlichen hat, das es jetzt zu bearbeiten gilt. Der Modus des „Kämpfens" mag also zunächst altertümlich daherkommen. Aber genau hier hat Beratung und Seelsorge die Aufgabe, Möglichkeiten auszuloten, die trotz allem bleiben angesichts einer Welt, die so ist, wie sie ist. Sich im Blick auf bedrohliche Gefühle oder Begegnungen einen guten, sichernden Panzer zuzulegen oder ein Schutzschild, kann dabei ein hilfreiches Bild werden. Sich innerlich mit einem Schwert auszustatten oder gar im Rahmen eines Schwertseminars dies an Leib und Seele einüben, wie ich auftrete, wie ich mich schütze, wie ich kämpfen kann – für manche Ratsuchenden ist das der Schlüssel zur Veränderung.

Naiv und schutzlos in die Arbeitswelt gestartet

Häufiger Anlass zur Beratung ist in diesem Zusammenhang der Berufseinstieg von oft feinfühligen und sensiblen jungen Menschen, die sich nun in der Arbeitswelt mit ihren Konkurrenz- und Leistungsthemen regelrecht überfordert fühlen. Trotz bester Zeugnisse und sehr guten Abschlüssen ist der Faktor Mensch das eigentliche Problem – wie wir miteinander umgehen, wie wir zwischen den eigentlichen Sachfragen kommunizieren, agieren und uns positionieren, scheint oft viel anstrengender als die Arbeit an sich. Alte Schemata werden plötzlich aktiviert, weil jemand merkt, dass er oder sie „immer" klein beigibt im Konflikt. Weil jemand wahrnimmt, wie dieser Kampf um Anerkennung und faire Behandlung regelrecht fertigmacht. Im naiven, arglosen und manchmal auch ahnungslosen Hineingehen in den Berufsalltag verdoppeln sich oft genug alte Erfahrungen vom Übersehen-Werden oder vom Sich-Überrannt-Fühlen. Dann erweist es sich als hilfreich, sich Unterstützung zu holen. Menschen, die sich in Krisen unterstützen lassen, das hat die Resilienz-Forschung deutlich gezeigt, gehen gestärkt aus der Krise hervor. Jemand, der an meiner Seite und zu meiner Unterstützung zeitweise regelrecht mit mir kämpft, kann mir die Augen öffnen für meine besonders empfindlichen Stellen und mir mit zusammen Ideen entwickeln, wie ich mich besser schützen könnte. Der Blick weg von den Problemen hin zu den Ressourcen ist dabei immer wieder einzuüben. Ich versuche manchmal, mit meinen Ratsuchenden auch die kleinsten Erfolge zu würdigen, indem ich einen goldenen Rahmen zur Hand nehme und mein Gegenüber bitte, den scheinbar noch so kleinen Erfolg oder Schritt gleichsam in Gold einzurahmen, zu würdigen, innerlich festzuhalten.

Hingabe als Schlüsselbegriff in Zeiten der Multioptionsgesellschaft

Ich achte in Seelsorge und Beratung in letzter Zeit verstärkt darauf, die Menschen im Gespräch in zwei Richtungen einzuladen. Neben dem Anerkennen dessen, was ist, und der Einsicht, dass das Leben immer auch Kampf ist, versuche ich, den Blick zu weiten zur Frage: Wofür will ich kämpfen? Wofür will ich mich aufreiben? An welcher Stelle will und werde ich mich künftig einbringen, und wo ist meine Hingabe gefordert und sinnvoll? Diese Frage, wenn sie gehört werden kann, führt manchmal – insbesondere bei jungen Menschen – zu einem Aha-Erlebnis.

Eine Frage, die sich in einer „Ponyhof"-Kultur so bisher nicht gestellt hat. Eine Frage, die neben dem notwendigen „Eigensinn" des Menschen den Blick darauf richtet, wofür es sich zu kämpfen lohnt. Diese Überlegung ist durch einen Gedanken von Paul Tillich inspiriert:

> Wir wissen, dass Mangel an Liebe in früher Jugend zu geistigen Störungen führt. Wissen wir aber auch, dass ein Mangel an Gelegenheiten, uns selbst zu verschwenden, ebenso gefährlich ist? In vielen Menschen lebte ursprünglich ein übervolles Herz, aber Gesetze, Konventionen und eine strenge Selbstkontrolle haben es unterdrückt, so dass es abgestorben ist. Die Menschen sind nicht nur krank, weil sie keine Liebe empfangen haben, sondern auch, weil es ihnen nicht erlaubt war, Liebe zu geben, sich selbst zu verschwenden.[16]

Echte Hingabe führt zu jenem Erleben von Selbstwirksamkeit, auf das wir wesentlich angewiesen sind. Es ist ein gesundes „Ich", das selbstbewusst die Bewegung auf den anderen zu machen kann, und dabei auf die eigenen und die Grenzen des anderen achtet. Zu solcher Hingabe zu finden, kann eine lebensverändernde Erfahrung sein, oft genug nach einem langen Prozess des Kämpfens, Klärens, der persönlichen Kurskorrektur.[17]

---

16 P. Tillich, „Heilige Verschwendung. Predigt über Markus 14, 3-9." Das Neue Sein. Religiöse Reden, 2. Folge Frankfurt 61986, 54.

17 Vgl. M. Scherer, Hingabe: Versuch über die Verschwendung, Springe 2021, 97-98: „Hingabe wird nie der Lohn sein, immer nur die Verausgabung. Für die kaufmännische Intelligenz – aber eben nur für diese – ein Unding. Hingabe bleibt immer das Andere der Berechnung, also das Unberechenbare."

Müde vom Kampf

Und dann gibt es im Blick auf das Thema „Kämpfen" eine weitere Gruppe von Ratsuchenden: Müde Kriegerinnen und Krieger, die seit langem auf der Stelle zu treten scheinen. Sie haben sich wund gekämpft im Laufe der Jahre. Unzählige Therapien scheinen nicht geholfen zu haben. Medikamente haben Linderungen gebracht, aber alles in allem manifestiert sich das Depressive als chronische Erscheinung im Leben solcher Menschen. Im Mitgefühl des Beraters und in der Zuwendung der Seelsorgerin können „Psychiatrie-Erfahrene" bzw. als „therapieresistent" beschriebene Menschen hier und da so etwas wie eine „palliative Therapie"[18] erleben. Den Arbeitstitel und das Konzept einer „Palliativen Psychotherapie" haben Helmuth Beutel und Reinhard Tausch für jene Menschen entwickelt, bei denen der alltägliche Kampf ums psychische Überleben so weit stabilisiert werden konnte, dass eben keine Klinikeinweisung mehr erforderlich wurde und sie ihre alltäglichen Beziehungen zu Mitmenschen etwas erweitern konnten.

Aushalten: Der Aspekt der „Palliativen Seelsorge"

Das Aushalten hat dann – wie auch in der Telefonseelsorge – einen Wert an und in sich. Vor allem bei älteren Menschen scheint mir hier der Wert von Seelsorge und Beratung im gemeinsamen Aushalten des Unveränderlichen zu liegen. Aufseiten der Beraterinnen braucht es dazu vor allem die Gelassenheit, dass es hier nicht um große Veränderungen geht, dass im Gespräch nichts erreicht werden muss, dass ich mich als Berater nicht unter Druck bringen lasse, eine Veränderung herbeizuführen. Reinhard Tausch dazu: „Jede menschliche Begegnung

---

18 H. Beutel, „Erinnerungen an Reinhard Tausch." Gesprächspsychotherapie und Personzentrierte Beratung 4/2021, 22.

kann eine therapeutische, helfende Wirkung zeigen, wenn sie durch Wertschätzung, Empathie, Achtsamkeit, Interesse an dem Menschen sich erkennbar macht."[19] Solche Seelsorge in den Gemeinden und an den kirchlichen Orten ist ein wesentlicher Baustein für die seelische Gesundheit unserer Gesellschaft. Die verlässliche persönliche Erreichbarkeit ist dabei der entscheidende Faktor – in unserer Offene Tür-Stelle erleben wir das regelmäßig, weil Menschen immer wieder auch nur kurz das Gespräch mit einem Berater suchen, dem sie vertrauen und der sie sieht und hört und – stabilisiert. Palliative Beratung und Seelsorge hätte somit nicht mehr und nicht weniger zu tun, als den Ratsuchenden immer wieder den Segensmantel Gottes wie ein leichtes schützendes Kleid hinzuhalten. Dieses Hinhalten realisiert sich schlicht durch die pure Präsenz der Beraterin oder des Seelsorgers. Der Mantel als Schutz, als *pallium*, wird erfahrbar weniger in den Worten, dies sicherlich auch, als vielmehr im präsenten Da-Sein für das und mit dem Gegenüber.

Depot-Geschichten, Depot-Verse, Depot-Lieder

Interessant in diesem Zusammenhang ist die Entdeckung, dass es, wie die hypnosystemischen Konzepte nahelegen, so etwas wie Depot-Worte und Depot-Geschichten gibt, die der Seele guttun und zu mehr Leben helfen können. Es geht dabei um das Phänomen, die Wirkkraft von Bildern und Geschichten zu entdecken. Sobald unser limbisches System beteiligt ist – bei Bildern und Geschichten fast automatisch, weil das limbische System bildhaft „denkt" – sind all unsere Erfahrungen, Erinnerungen, unser inneres Wissen oder innere Weisheit mit beteiligt. Das hat viel damit zu tun, dass Bilder und Geschichten viel nachhaltiger – also mit Depot-Wirkung – im Gehirn und über das

---

19 Ebd., 23.

limbische System auch mit dem Körper verbunden sind. Wir füllen darüber „etwas" auf – und lassen gleichzeitig „etwas" in uns sprudeln. Im Blick auf das Bild vom Lebens-Kampf gehört hier die Erzählung von Jakobs Kampf am Jabbok zu den biblischen Sahnestückchen. Das biblische Mantra „Ich lasse dich nicht, du segnest mich denn!" (Gen 32, 27) aus der Erzählung könnte dabei im besten Sinne des Wortes zu einem Kampfbegriff werden. Und der kanadische Folk-Sänger und Gitarrist Bruce Cockburn singt in einem seiner Songs: „Nothing worth having comes without some kind of fight / you've got to kick at the darkness 'til it bleeds daylight". In der Sprache der Musik und der Poesie kommt diese Ambiguität sehr treffend zum Ausdruck. Spirituelle Sätze, Liedverse oder Bibelworte können, so meine Erfahrung, ihren Depot-Charakter entfalten, wenn es im Gespräch gelingt, den Bezug zwischen dem Kampf und der Krise auf der einen Seite und der hoffnungsvollen Ressource auf der anderen Seite herzustellen. Auch die poetischen Worte der Psalmen sind hier zu nennen: „Und ob ich schon wanderte im finstern Tal, fürchte ich kein Unglück." (Ps 23, 4a). Es stimmt tatsächlich, was Jorge Bucay sagt: „Kindern erzählt man Geschichten zum Einschlafen – Erwachsenen, damit sie aufwachen".[20] Auch für den täglichen Kampf des Lebens können solche Geschichten, Verse und Lieder wie ein Schutzschild, wie ein beschützender Mantel wirksam werden.

---

20 Vgl. J. Bucay, Komm, ich erzähl dir eine Geschichte, Frankfurt 2007, 285.

3.4 Wünschen und Entscheiden

Ausgehend von den unterschiedlichsten Wünschen im Leben eines Menschen wird mithilfe der „Wunschkompetenz" (Josef Rieforth) in Seelsorge und Beratung das Feld der eigenen Wünsche und Lebensträume beleuchtet. In den Wünschen drücken sich Bedürfnisse aus, die sich im Laufe des Lebens immer wieder verändern. Biblische Erzählungen und Worte können dabei fördernd, korrigierend, heilend sein. Wunschkompetenz wird als ein Mittel verstanden, sich Entscheidungssituationen zu stellen, wobei Elemente des Focusing dabei ebenso hilfreich erlebt werden können wie traditionelle spirituelle Zugänge zum Entscheidungsprozess.

Fall-Vignetten – Wunschkompetenz

Frau L. (Mitte 60) steht am Übergang von der langen Berufstätigkeit zum Ruhestand. Da sie im Bereich sozialer Arbeit tätig ist, kennt sie Angebote wie Supervision und Beratung und hat diese immer wieder auf ihrem beruflichen Weg in Anspruch genommen. Durch Sterbefälle in der Verwandtschaft in den letzten Monaten herausgefordert, kommt sie in die offene Sprechzeit mit dem Anliegen, sich für die Zeit des Übergangs in den Ruhestand punktuell begleiten zu lassen. In den folgenden, eher einmonatigen Gesprächsterminen lotet sie im Gespräch aus, wie sie für ihre Wünsche und Bedürfnisse im Ruhestand achtsam bleiben und diesen Wünschen dann konkrete Entscheidungen folgen lassen kann.

Herr M. (Anfang 20) hat sich nach erfolgreicher handwerklicher Ausbildung für ein Maschinenbaustudium entschieden. Nach anfänglichen Herausforderungen mit Prüfungsängsten und Panikattacken stellt sich für ihn mehr und mehr die Frage, ob seine Entscheidung richtig war und welche Bedürfnisse und Wünsche ihn dazu gebracht haben, sich so zu entscheiden. Die von ihm sehr verbindlich wahrgenommenen Gespräche drehen sich in der Folge um konflikthaft erlebte psychosoziale Grundbedürfnisse, wobei der Besucher sich und seinen teils noch verborgenen Wünschen nach und nach mehr auf die Spur kommt.

Frau N. (Ende 30), die im Vorjahr punktuell in der Offenen Sprechzeit ein Gespräch gesucht hatte, kommt zur Beratung, um von einem eindrücklichen Traum zu erzählen, der immer wiederkehre. Kurz vor ihrem 40. Geburtstag begegnen ihr in diesen wiederkehrenden Träumen offensichtlich Wünsche, die sich in Form von „Geschenken" im Traum zeigen. Mit diesem interessanten Traum-Material geht es in den Folgegesprächen darum, den Blick auf die eigenen unerfüllten, unerfüllbaren und vielleicht noch zu erfüllenden Wünsche zu lenken und die darin liegenden Bedürfnisse zu „genauern".

Wünschen und Entscheiden

Immer wieder kommen Menschen in die Offene Sprechzeit mit einem konkreten Anliegen: Ich muss eine Entscheidung treffen! Ich habe noch bis zum Wochenende Zeit, dann muss ich das entscheiden! Unter dem Druck der Entscheidung leidend, erlebe ich dabei je nach Persönlichkeitstyp sehr unterschiedliche Strategien bei meinem Gegenüber. Während manche mit langen Pro- und-Contra-Listen aufwarten, erzählen andere unvermittelt von ihren Gefühlen, ihrer Intuition oder auch den vielen Ratschlägen, die sie bereits von guten FreundInnen bekommen haben.

Manchmal versuche ich dann, das Tempo und den Druck etwas rauszunehmen, indem ich frage: „Lassen wir die anderen mal kurz probeweise beiseite. Was wünschen Sie sich eigentlich?" Dorothee Sölle hat diesen Zusammenhang poetisch einmal in den Satz gepackt: „Der Vogel Wunschlos fliegt nicht weit".[21] Darum ist es so wichtig, nach den ureigensten Wünschen zu fragen und sich nicht zu früh damit abzufinden, dass es scheinbar keine Alternativen gibt. Im Hintergrund dieser Fragen steht für mich, was Joseph Rieforth so umschreibt:

> Ein geübter Zugang sowohl zu den eigenen Wünschen und Bedürfnissen als auch zu den emotionalen Situationen, die Ängste, Wutgefühle, Hass oder traumatische Erinnerungen auslösen, bildet eine gute Grundlage, um sich über das eigene Selbst bewusst zu werden. Sie weder zu verleugnen noch vor ihnen wegzulaufen, schafft die Basis für die Entwicklung des eigenen Selbst. Dies stellt die Voraussetzung dar, um vom 'Radar-Menschen' der heutigen Postmoderne wieder zurückzufinden zu sich selbst und den inneren Kompass zu nutzen, um sich bewusst zu werden, was einem etwas bedeutet und guttut. Für den 'Radar-Menschen' ist dagegen das äußere Mitmachen ohne eine innere Beteiligung charakteristisch. Durch dieses Verhalten entledigt er sich der Angst um sich selbst und reiht sich stattdessen in die konformistischen Strömungen ein.[22]

Von Wunschkompetenz und Persönlichkeitsentwicklung

Für die Persönlichkeits- und Selbstentwicklung, aber eben auch im Blick auf Entscheidungen ist Wunschkompetenz sehr

---

21 D. Sölle, Mutanfälle: Texte zum Umdenken, Hamburg 1996, 11.

22 J. Rieforth, Wunschkompetenz: Von der Fähigkeit, das eigene Leben sinnvoll zu gestalten, Göttingen 2020, 29.

wichtig. Die Kraft des Wünschens hilft zu einer sinnvollen Lebensgestaltung: Indem ich Probleme identifiziere, gelange ich durch eine zunehmende Klarheit und Reflexion zu mehr Selbstmitgefühl. Auch das Mitgefühl für andere steigt dadurch. Eigene Wünsche und Bedürfnisse wahrzunehmen, hilft am Ende auch dazu, das eigene Selbstwertgefühl zu verbessern und sich selbst beständig weiterzuentwickeln. Wer lernt, auf seine eigenen Bedürfnisse und Wünsche zu achten, erlebt folgende Prozesse, die ich gerne mit beschrifteten Kärtchen symbolisiere: 1. Stärke: Die Person erlebt sich als stark und kompetent. 2. Konstruktiver Umgang: Die Person hat gelernt, mit Herausforderungen konstruktiv umzugehen. 3. Selbstwirksamkeit: Die Person hat die Erfahrung gemacht, selbstwirksam zu sein und so an der Situation etwas ändern zu können. 4. Verstehen: Die Person verfügt über die Fähigkeit, sich selbst besser zu verstehen.

Der gefühlte Zusammenhang zwischen den eigenen Wünschen und dem Entscheidungsverhalten zeigt sich vor allem darin: Je unklarer die Kenntnis und der Bezug zu den eigenen Wünschen ist, umso schwieriger findet die Person im Allgemeinen den ,richtigen' Zeitpunkt für eine Entscheidung oder ist grundsätzlich kaum in der Lage, Entscheidungen zu treffen". Es ist „eine lebenslange Aufgabe, die eigenen Wünsche zu erkunden und zu reflektieren, um auf diese Weise Mitgefühl für sich selbst und dadurch auch für die anderen zu entfalten. Weisheit und Mitgefühl stellen zwei Seiten derselben Medaille dar, die beide zusammen zu einem sinnvollen und erfüllten Leben führen.[23]

---

23 Ebd., 35-36.

Der andere und mein Wunsch

Im Blick auf zu treffende Entscheidungen erleben viele eine Ambivalenz oder einen Grundkonflikt: Der Wunsch des einen trifft in der Regel auf den Wunsch des anderen und wird dort entweder freudig entgegengenommen oder aber als Konkurrenz oder Konflikt empfunden. Dazu kommt noch der Effekt der Gleichgültigkeit, je nachdem wie Menschen miteinander in Kontakt stehen. In unseren spätmodernen Gesellschaften begegnet mir dabei in vielem, was Menschen hier berichten, eine Tendenz zu einer einseitigen Aufwertung von Leistung und Wettbewerb im „Außen" gegenüber einer Abwertung der eigenen inneren Wünsche und Bedürfnisse im „Innen". Doch gerade in einem Klima der Kooperation ist es wichtig, im gemeinsamen Gespräch Widersprüche zu benennen und auszuhalten und somit das „Eigene" zu benennen, auch wenn es mit anderen eigenen oder fremden Wünschen konkurriert:

> Nicht die Klarheit, sondern der Widerspruch stellt die Grundlage aller Entwicklung dar. Für die Entwicklung einer Wunschkompetenz ist es daher ein erforderliches Ziel, den Widerspruch in der Schwebe zu halten, denn dadurch entwickelt sich Potenzialität, die durch gegenseitige Anregungen gesteigert wird.[24]

Im Sinne einer focusing-orientierten Beratung biete ich an dieser Stelle gerne kurze Übungen an, in denen es darum geht, auf das gegenwärtige körperliche Erleben zu achten, das sowohl kognitive als auch emotionale Anteile enthält. Indem wir diesem körperlichen Erleben im Prozess nachspüren und auch das Unklare willkommen heißen, kann ein Weg des „Genauerns" geschehen, der neben dem bereits Bekannten und Vertrauten und

---

24 Ebd., 37.

tausendmal Durchdachten neue Bedeutungen hervorbringen kann. Indem wir für einen Moment das körperliche Erleben stärker in den Blick nehmen, kann sich Neues zeigen: „Dein Körper sagt dir, wer du werden kannst".[25]

Notwendig: neue Modelle jenseits von ‚richtig oder falsch'

Im Blick auf wichtige Entscheidungen im Leben kann es dabei den Druck herausnehmen, wenn es gelingt, eher ein ‚sowohl als auch' zuzulassen. Wenn die Vorstellung Raum gewinnen kann, dass es neben der einen „goldrichtigen" Entscheidung wohl noch einige andere „richtige" Entscheidungen geben könnte – und danach würde das Leben auch gut weitergehen. Oft geht es somit nicht nur um die Wünsche, die in mir selbst miteinander konkurrieren, sondern eben auch um die Wünsche von anderen Menschen, die mir wichtig sind. Da der andere und mein Wunsch ja auch konkurrieren, sich widersprechen, sich ausschließen können, ist es klug, die eigenen Werte neben den Wünschen ebenfalls in den Fokus zu rücken. Es ist ein Lernfeld der Toleranz und der Gelassenheit: Indem ich anerkenne, dass ich meine eigene Perspektive habe, kann ich auch der anderen Person ihre Perspektive zugestehen. Indem ich anerkenne, dass ich irren kann, Fehler machen kann, einseitige Erwartungen habe, kann ich auch der anderen Person ihre Irrtümer, Fehler, Erwartungen zugestehen.

Demnach ist die Entwicklung von Wunschkompetenz ein nicht endender Erkenntnisprozess, der ähnlich einer Erkundung eines fremden Landes, in dem man erstaunliche Entdeckungen

---

25 Vgl. K. Renn, Dein Körper sagt dir, wer du werden kannst: Focusing – Weg der inneren Achtsamkeit, Freiburg 2006, und: U. Siegrist, Experienzielles Coaching: Körper und Emotionen konstruktiv nutzen, München 2023.

macht, das Profil der Person kontinuierlich erweitert. Wunschkompetenz ist daher keine Form der Kompetenz, bei der es darum geht, sich die Fähigkeit in alter Manier zu erarbeiten, sondern
ein Prozess, der sich dadurch auszeichnet, dass man sich offen
den Problemsituationen stellt und dadurch die damit verbunde-
nen eigenen Wünsche und Potenziale entdeckt – so, als wenn
man die Auswahl hat, zwischen verschiedenen (Lebens-)Türen
zu wählen, von denen es eine zu öffnen gilt, um sein Leben weiter sinnvoll zu gestalten.[26]

Hilfreich: weg von der einen großen Entscheidung

Im Blick auf wichtige Entscheidungen biete ich meinem Gegenüber dann gerne eine weiterführende Überlegung an. Wenn
die Entscheidung A absehbar eine unerwünschte Nebenwirkung, einen Haken hat, was könnten Sie zusätzlich entscheiden,
um die unerwünschte Nebenwirkung etwas abzumildern oder
sogar zu umgehen? Was könnten Sie außer der „großen" Entscheidung planen, ausprobieren, sich vornehmen, um dem großen Ziel und Wunsch näher zu kommen? Was könnte den einen oder anderen Punkt auf der „Contra"-Liste abmildern oder
gar entkräften? Im Sinne einer focusing-orientierten Begleitung
lade ich mein Gegenüber dazu ein, sich probeweise für eine Option zu entscheiden, beispielsweise die Entscheidung, eine neue
Stelle anzutreten. Im Nachspüren, welches körperliche Erleben
sich hier einstellt, werden meist Ambivalenzen deutlich. In einem zweiten Schritt ermutige ich dazu, neben dieser wichtigen
„großen" Entscheidung im Blick auf die bestehenden Bedenken
oder Sorgen auch „kleinere" Entscheidungen mitzutreffen. So
könnte jemand, der im Blick auf eine neue Stelle Angst hat vor
Überforderung oder davor, weniger Zeit für seine Kinder zu

---

26   J. Rieforth, Wunschkompetenz, 40.

haben, zusätzliche Entscheidungen treffen, um dies gut im Blick zu behalten oder auch zu entkräften. Auch diese werden probeweise angenommen, im Nachspüren des körperlichen Erlebens stellen sich dann weitere, vielleicht durchaus ambivalente Gefühle und Gedanken ein. Im Falle eines Stellenwechsels könnte jemand beispielsweise zusätzlich entscheiden, ein Coaching in Anspruch zu nehmen und sich bewusst zwei Abende in der Woche generell für Zeit mit den Kindern reservieren. Wichtig scheint mir, dass mein Gegenüber genügend Zeit und Raum hat, im Gespräch verschiedene Alternativen auszuloten und dem auch im körperlichen Erleben nachzuspüren, um jeweils zu „genauern". Manchmal öffnet das in der Tat Türen, die bisher verschlossen schienen und ermöglicht einen nächsten Schritt, der gut geprüft und vorbereitet ist.

Spirituelle Zugänge zum Thema Entscheidungsfindung

Manche Menschen bringen aus ihrer religiösen Sozialisation Erfahrungen, Geschichten und Zugänge zum Thema „Entscheidung" mit, die zu beachten sich ebenfalls lohnt. Dabei geht es um mehr als das, was manche eine „spirituelle Ressource" nennen. Wenn ich merke, dass mein Gegenüber andeutet oder explizit einbringt, dass es in der Entscheidung auch darum geht, den eigenen Weg vor dem Hintergrund der persönlichen Spiritualität und des eigenen Glaubens zu bedenken, lege ich ein besonderes Augenmerk auf die Frage: Welche Orientierungen finde ich aus meinem Glauben und den Weisheiten der spirituellen Traditionen? Ich lade mein Gegenüber dann manchmal dazu ein, Ausschau zu halten nach Weisheiten der Bibel, Inspirationen aus anderen Heiligen Schriften, geistlichen Worte, die in den Sinn kommen oder einem „zufallen". Menschen haben sich zu allen Zeiten von den biblischen Erzählungen, Figuren, Worten inspirieren lassen und schöpfen aus dem Schatz der

Tradition. Ich ermutige Ratsuchende dazu, sich diese Worte aufzuschreiben, wann immer sie einem wichtig werden. Dabei kann es wichtig sein, gerade auch bei Menschen mit einer ausgeprägten religiösen Sozialisation, die Bedeutung des Verstands hervorzuheben. Wenn Menschen in ihren Entscheidungen dazu tendieren, ihre persönliche Verantwortung nicht wahrzunehmen und gleichsam „alles in Gottes Hand" legen, lade ich dazu ein, gezielt den Verstand als eine Gabe Gottes mit einzubeziehen. Gerade für spirituelle Menschen kann es wichtig sein, neben Intuition und Gefühl gleichzeitig den Verstand anzusprechen, um vernünftige Entscheidungen zu treffen, mit Kopf und Herz, mit Vernunft und Intuition!

Ein weiterer Zugang zum Thema achtet auf den Bereich von Meditation und Gebet. Hier und da bringen Besucherinnen und Besucher zum Ausdruck, dass sie ihre Fragestellung „im Herzen bewegt" haben, dass es in ihnen „arbeitet" oder sie sich mit ihrem Entscheidungsthema auch schon in ihrer täglichen Meditation beschäftigt haben. Eine regelmäßige Praxis solcher stillen Auszeiten kann tatsächlich zunächst eine Quelle der Selbstberuhigung sein. Manchmal ist es dann auch im Beratungsgespräch angezeigt, miteinander still zu sein, zu pausieren, achtsam mit dem Gegenüber zu verweilen, weil sich gerade auch dann „etwas" ereignen kann, was dem anderen zu mehr Klarheit verhilft. Je nach Vorerfahrung meines Gegenübers verweise ich auf diesen Zugang und gehe auf den Wunsch nach einem Moment der Stille oder auch – in eher seltenen Fällen – des Gebets ein, wenn diese Bitte explizit ausgesprochen wird.

Am Ende aller spirituellen Zugänge zum Thema steht schließlich der Schritt der Entscheidung. Manchmal geht es „einfach" darum, den Mut zu finden, einen nächsten Schritt zu wagen – im Vertrauen darauf, dass es letzten Endes kein „richtig" oder „falsch" gibt. Je nach persönlicher Disposition fällt genau dies den einen leichter und den anderen sehr schwer. Biblische Erzählungen können ermutigen, vernünftige Überlegungen können Sorgen und Ängsten gegenübergestellt werden, die Einschätzung anderer kann als Fremdwahrnehmung der heilsamen Korrektur meiner Selbstwahrnehmung dienen. Und zusammen mit einer vertrauensvollen spirituellen Offenheit gilt es am Ende, die anstehende Entscheidung als echtes Wagnis anzugehen. In allen Prozessen rund um das Thema „Entscheiden" geht es dabei um ein Ausloten der eigenen Wünsche und Bedürfnisse gegenüber den daraus folgenden Implikationen für mein Zusammenleben mit anderen, insbesondere den Menschen, die mir wichtig sind. Wo dieses Ausloten geschieht, erleben spirituell offene Menschen diesen Prozess als eine Art intuitives Sich-Hineinbegeben in einen neuen Erfahrungsraum. Für solche Menschen passt und entlastet hier in doppeldeutiger Weise das Dictum von Johannes Bours: „Der Mensch wird des Weges geführt, den er wählt".[27]

---

27 Vgl. J. Bours, Der Mensch wird des Weges geführt, den er wählt: Geistliches Lesebuch, Freiburg 1986.

3.5 Ordnen und Strukturieren

Seelsorge und Beratung wird zunehmend von Menschen aufgesucht, deren selbststrukturierende Möglichkeiten eingeschränkt sind. In einer Zeit zunehmender Orientierungslosigkeit und Beliebigkeit kann eine strukturbezogene Seelsorge unter Rückgriff auf psychodynamische Einsichten (Gerd Rudolf) die Strukturqualitäten von Ratsuchenden auch im Kurzgespräch hilfreich in den Blick nehmen. Vor allem im Blick auf die Emotionsregulation und die Kommunikation nach innen und nach außen kann Krisenseelsorge hier ansetzen. Bei längeren Beratungen bietet manchmal die Entdeckung oder Wiederentdeckung einer gesunden Praxis von Spiritualität Chancen zur Strukturierung des Alltags und kann seelische Gesundheit fördern.[28]

Fall-Vignetten – Strukturqualität

Herr O. (Ende 20) ist Berufsanfänger in einem großen Technik-Konzern und sucht unsere Beratungsstelle auf, nachdem ihn seine Hausärztin für zwei Wochen krankgeschrieben hat. Symptome der Erschöpfung und fehlendes Mentoring in seiner Abteilung sind zunächst offensichtlich. In der Folge weiterer Gespräche zeigt sich, dass Herr O. Mühe hat, seine beruflichen und privaten Aktivitäten selbst gut zu strukturieren. Neben den äußeren Faktoren, die ihn in das Überforderungserleben bringen, achte ich in der Folge zunehmend auf innerpsychische Strukturmängel, deren Bearbeitung mit dazu beitragen kann, dass O.

---

28 Die Grundzüge dieses Kapitels habe ich zuvor entfaltet in: Ch. Lang, „Leben und volle Genüge: Zur Idee einer strukturbezogenen Seelsorge", Pastoralblätter Jg. 163 (2023): 875-878.

sich in dieser Veränderungskrise selbstwirksam erlebt und wei-
terentwickelt.

Frau P. (Mitte 20) kommt von der Studienberatung zu uns und
berichtet von ihren mehrfach gescheiterten Versuchen, wichtige
Klausuren und mündliche Prüfungen zu bestehen. Nach einigen
Gesprächen ermutige ich sie, sich durch einen Psychiater im
Blick auf eine mögliche Autismus-Spektrum-Diagnose beraten
zu lassen. In der Folge bis zur endgültigen Diagnose arbeiten
wir an möglichen kleinschrittigen Erfolgen und würdigen Momente, in denen sie sich selbstwirksam erlebt. In der weiteren
Beratung geht es dann (auch nach bestätigter Diagnose) vor allem darum, an den strukturellen Mängeln von P. zu arbeiten und
mit ihr Wege zu erproben, mit ihren Schwierigkeiten vor allem
im Bereich des emotionalen Erlebens und der Kommunikation
mit sich selbst und mit anderen anders umzugehen.

Herr R. (Mitte 60) lebt schon seit vielen Jahren in einer Zwei-
Zimmer-Wohnung und hat ein kompliziertes Verhältnis zu seiner drogenabhängigen Tochter. Immer wieder enttäuscht von
falschen Versprechungen und finanziellen Kapriolen der Tochter, hat sich Herr R. mehr und mehr isoliert. Neben depressiven
Episoden, die ihm zu schaffen machen, belasten ihn Themen wie
der Lärm der Nachbarn oder der Kontakt mit Ärzten, bei denen
er sich regelmäßig missverstanden fühlt oder den Eindruck hat,
nicht ernst genommen zu werden. Im Gespräch springt er immer wieder von einem Thema zum nächsten und braucht starke
strukturierende Interventionen, die er dankbar aufnimmt. Visu-
alisierungen sind hier ebenso wichtig wie das (Re-)Aktivieren
von inneren Bildern als Ressource für den Alltag.

Ordnen und Strukturieren

„Leben haben und volle Genüge" (Joh 10, 10) – dieses Jesus-Wort bildet für mich den hoffnungsvollen Horizont der Krisen- und Lebensberatung. Eine der wesentlichen Fragen dazu lautet immer wieder: Was hilft zum guten Leben? Und was hindert mich daran, „genug" Leben zu haben? In Erstgesprächen bringen Menschen ihre Anliegen oft ungefiltert und unsortiert vor. Ergibt sich bei Ratsuchenden, die eher unstrukturiert erzählen, eine längere Beratungsreihe, dann stelle ich ihnen manchmal die Frage, an welche ordnenden Strukturen sie sich erinnern können, wenn sie an ihre Kindheit denken. Ich verbinde damit die Hypothese, dass ein Blick auf die eigenen Strukturen helfen kann, das eigene Leben besser zu verstehen und zu würdigen. Dass Strukturen veränderbar sind, neu eingeübt werden können. Meine Überlegungen zu einer strukturbezogenen Seelsorge und Beratung sind inspiriert von Gerd Rudolfs Modell der „Strukturbezogenen Psychotherapie"[29] und nehmen die Bedeutung von Spiritualität in der religiösen Sozialisation und in der Praxis von Seelsorge und Beratung in den Blick.

Mythos Gelingendes Leben und Druck zur Selbstoptimierung

Immer wieder erzählen Menschen in der Seelsorge ihre Lebensgeschichte mit allen hilfreichen und weniger hilfreichen früh erlernten oder auch nicht erlernten Strukturen und Mustern. Oft geht es darum, dass sie ihr Leben, wie sie selbst gerne sagen, „nicht mehr auf die Reihe" kriegen. Der Druck, es überall richtig machen zu wollen, scheint unaufhaltsam stark – nicht zuletzt durch ein meist digitales Dauerfeuer von Gelingens-Narrativen.

---

29 Vgl. G. Rudolf, Strukturbezogene Psychotherapie: Leitfaden zur psychodynamischen Therapie struktureller Störungen, Stuttgart 2020.

Scheinbar immer schöne, junge, erfolgreiche Menschen insze-
nieren ein Leben jenseits von Leid, Krankheit, Schuld oder Verzicht. Die FOMO, die „fear of missing out", kommt erschwe-
rend dazu, vor allem in der jüngeren Generation. Aus Angst, etwas von den unzähligen Möglichkeiten zu verpassen, wird das
Leben immer schneller und hektischer und trostloser, weil stän-
dig noch „etwas" zu erleben wäre, aber nicht mehr unterzubrin-
gen ist, weder im Kalender, noch im Kopf, und schon gar nicht
im Herzen. Die Fülle dieser Art steht im krassen Gegensatz zu
„Leben und volle Genüge". Genug haben, genügsam sein, es
sich genügen lassen sind hier Qualitätsmerkmale, die doch ganz
anders klingen als die gängigen Selbstoptimierungsparolen mit
den Imperativen: Lebe deinen Traum, Mach Dein Ding!

Lebens-Läufe und die Bedeutung hilfreicher Strukturen

Wenn ich an eigene frühe prägende Strukturen denke, fällt mir
eine Szene ein, die nicht zufällig ambivalente Gefühle beinhaltet:
Ich musste, etwa vier Jahre alt, einen angeordneten Mittagsschlaf
halten, obwohl es draußen 30 Grad hatte und meine älteren Brüder im Hof spielen durften. Das Ganze war keine Strafaktion,
sondern der mütterliche Versuch, dem kleinen Sohn wie immer
eine geeignete Tagesstruktur zu geben. Es war wohl mein letzter kindlicher Mittagsschlaf. Mein Widerstand dagegen traf auf
Einsicht. Mein eigenes „Ich" durfte sich mehr und mehr entwickeln. Gleichzeitig habe ich in meiner Kindheit und Jugend
weiterhin eine Menge Struktur erleben können: Die regelmäßigen Mahlzeiten der Familie, das Tischgebet und bei Opa und
Oma zusätzlich noch die Lesung aus einem für mich kaum ver-
ständlichen uralten Andachtsbuch, das Händefalten und Ver-
stummen des Opas beim Erklingen der Vater-Unser-Glocke –
das sind nur einige dieser strukturierenden Elemente, die durch
eine gelebte Spiritualität meiner Familie einen zunächst

unhinterfragten Ordnungsrahmen vorgegeben haben. Auch der feste Rhythmus der Woche mit Sonntagsgottesdienst und Einbindung in Chöre und Aktivitäten strukturierte mein Heranwachsen. So wie der Sonntag den Alltag unterbrach, dienten Freizeiten der Unterbrechung um einer höheren Sache willen. Dass ich als junger Erwachsener zum Studium wegging und viele der erlernten Strukturen hinter mir ließ, war ein wichtiger Schritt wie damals der Widerstand gegen den Mittagsschlaf. Nach und nach entdeckte ich diese erlernten Strukturen neu und verstehe sie jetzt als heilsamen Rhythmus, über den es auch zu improvisieren lohnt. Erlernte, spirituell geprägte Formen bilden – so die These – Bausteine, um relevante Strukturmerkmale im Blick auf eigene innerpsychische Vorgänge und Selbststeuerungsprozesse zu entwickeln.

Strukturbezogene Defizite

Der Heidelberger Professor für Psychosomatische Medizin und Psychotherapie, Gerd Rudolf, analysiert im Sinne seiner „Strukturbezogenen Psychotherapie" trennscharf gegenwärtige Herausforderungen und die Notwendigkeit von inneren seelischen Strukturen, um zur Selbststeuerung fähig zu sein. Er benennt vier Ebenen der Struktur. Auf der kognitiven Ebene geht es um Selbstwahrnehmung und Objektwahrnehmung. Auf der regulativen Ebene kommen die Selbstregulierung und Regulierung des Objektbezugs in den Blick. Auf der emotionalen Ebene unterscheidet er Kommunikation nach innen und Kommunikation nach außen. Und auf der Bindungsebene wird differenziert nach Bindung an innere und Bindung an äußere Objekte. In all diesen Bereichen lassen sich Strukturmerkmale ausmachen, die bei jedem Menschen unterschiedlich ausgeprägt sind. Im Blick auf den gegenwärtigen gesellschaftlichen Kontext schreibt er:

Eine von Jugendlichen und jungen Erwachsenen besonders häufig verwendete Sprachfloskel lautet: 'Keine Ahnung!'. Dies bringt, gewollt oder ungewollt, einen Aspekt von Orientierungslosigkeit zum Ausdruck, der als wichtiger Indikator für strukturelle Defizite beschrieben wurde. 'Keine Ahnung' kann sich auch darauf beziehen, wer ich bin, was ich soll, was ich kann, wo es langgeht, was andere von mir wollen, wer mir Rat geben kann.[30]

Nach seiner Einschätzung ist unsere Epoche geprägt von ambivalenten Emanzipationsbewegungen, die sich auswirken in Richtung auf eine Destruktion von Familien und ihrem gesellschaftlichen Umfeld ebenso wie von Individuen. Da ist einerseits relativer Wohlstand, aber unter dem Einfluss wirtschaftlicher Schwierigkeiten können die Ansprüche an Genuss weniger leicht realisiert werden. Zugleich fehle eine Vorstellung davon, wie man über zielgerichtete Anstrengungen und disziplinierte Leistung verbesserte Bedingungen für die weitere Entwicklung schaffe.

Da auch in der Gesellschaft langfristige Perspektiven mehr und mehr verloren gehen und ein Ideal der raschen und flexiblen Anpassungsbereitschaft etabliert wird, fehlen für Kinder langfristige Zielvorstellungen, die sich traditionell an Idealen festgemacht hatten.[31]

Leben braucht Struktur

Dass strukturbezogene Defizite in einer überfordernd erlebten Umwelt den Menschen zu schaffen machen, hat offensichtlich auch damit zu tun,

---

30 Ebd., 199.
31 Ebd.

was Kinder in ihren frühen und späteren Entwicklungsabschnit-
ten an Widerspiegelungen, Halten, Steuern, Anleiten, Grenzen-
setzen und Richtungsweisen benötigen, um sich strukturell entfalten zu können. Es hat allerdings den Anschein, dass diese Fähigkeiten auch in der politischen und wirtschaftlichen Struktur
der Gesellschaft zunehmend verloren gingen, sodass man nicht
umhinkann, ein Defizit an strukturellen Funktionen (z.b. im Bereich von Selbstreflexion, Selbstverantwortung, Antizipation,
Kommunikation, Empathie, Internalisierung) auch in der Gesellschaft als Ganzes zu registrieren.[32]

Ergänzend zu diesen Beobachtungen ergibt sich in der Beratung
oft der Eindruck, dass auch eine spirituelle Orientierungslosigkeit zu diesem strukturellen Defizit beiträgt, wenn traditionelle
spirituelle Rituale nicht mehr tradiert, erlebt oder eingeübt werden.

Der Blick auf das größere Ganze

Seelsorge und Beratung bleiben nicht unberührt von den Megatrends unserer Gesellschaft, bewegen sich inmitten der Herausforderungen ihrer Zeit. Was Beratung und Seelsorge leisten
können, hat somit selbst Grenzen. Eine zunehmend weniger
strukturierte Gesellschaft stellt ihren Mitgliedern nur unzurei-
chende und oft problematische Sozialisierungsbedingungen zur
Verfügung. Das Pendel geht hin und her zwischen den techni-
schen Möglichkeiten, rund um die Uhr im Sekundentakt Nach-
richten zu erhalten einerseits, und dem Risiko, durch Fake News
manipuliert zu werden andererseits. Gerd Rudolf kommt zu dem
Schluss:

---

32 Ebd., 200.

Die unter diesen Bedingungen 'mangelnder Anleitung in vielen Lebensbereichen' (Mitscherlich) herangewachsenen strukturell beeinträchtigten Individuen formen eine Gesellschaft, die sich zunehmend zwischen Entleerung und affektiver Überstimulierung, zwischen Selbstüberschätzung und Selbstmitleid, zwischen illusionistischen Fortschrittshoffnungen und Perspektivlosigkeit bewegt.[33]

Freiraum braucht Struktur

Wenn wir dies alles in die Prozesse von Seelsorge und Beratung einbeziehen, werden wir einerseits die Grenzen des eigenen Tuns klarer erkennen. So wie Eltern nur bedingt verantwortlich sind für das, was junge Menschen heute ins Leben mitnehmen, weil das „global village" miterzieht, so ist auch Beratung und Seelsorge eingebunden in die Megatrends des Lebens im 21. Jahrhundert. Andererseits erhalten strukturell beeinträchtigte Ratsuchende durch die Angebote der Seelsorge und der Psychologischen Beratungsstellen Unterstützung, lernen strukturierende Angebote kennen und finden in den Settings von Seelsorge und Beratung selbst eine haltgebende Struktur. Es bleibt zu hoffen, dass das, was wir in unseren Kirchen an strukturierenden Formen kennen und lieben gelernt haben, auch in Zukunft geeignete Formen der Tradierung findet.

In Seelsorge und Beratung ist davon auszugehen, dass wir zunehmend auf Ratsuchende treffen, deren selbststrukturierende Möglichkeiten eingeschränkt sind. Künftig wird es noch stärker darauf ankommen, diese Menschen auf eine Weise zu begleiten, dass sie für sich selbst strukturierende Ideen, Rituale und Konzepte entdecken und entwickeln können. Die Schätze der jüdisch-christlichen Kultur und die vielfältigen Formen gelebter

---

33 Ebd., 201.

und dann auch verinnerlichter Spiritualität können dabei zu kleinen Pfaden werden, die nicht missionarisch missbraucht, sondern vielmehr dienend und helfend auf einen Weg führen zu mehr Freiheit und zu mehr Struktur. Der Schatz spiritueller Traditionen stellt auf der kognitiven Ebene (als Wahrnehmungsschule), der regulativen Ebene (als Hilfe zur Selbstregulierung), der emotionalen Ebene (Kommunikation nach innen wie nach außen) und der Bindungs-Ebene (zu inneren und äußeren Objekten, letztlich zu Gott) eine Fülle von Möglichkeiten zur Verfügung, Beratung und Seelsorge strukturbezogen zu gestalten. So leisten strukturbezogene Seelsorge und psychologische Beratung ihren eigenen Beitrag dazu, dass Menschen „Leben und volle Genüge" für sich entdecken können.

3.6 Ohnmacht aushalten

Das Thema Suizidalität begegnet uns in der Offene Tür-Arbeit in eher unregelmäßigen Abständen. Manchmal ist die Suizidalität eines anderen das Thema – Freunde, Angehörige wenden sich an uns. Manchmal bringt das Gegenüber eigene Gedanken, Absichten, Pläne zum Suizid mit ins Gespräch oder deutet diese an. Die Ohnmacht auszuhalten und sensibel auf Signale des Gegenübers zu achten, gehört zu den großen Herausforderungen der niedrigschwelligen Arbeit in der Offene Tür-Stelle.

Fall-Vignetten – Suizidalität

Ein ursprünglich aus den USA stammender Doktorand (30) berichtet davon, dass er seit längerem mit Depressionen zu tun habe, die medikamentös behandelt würden. Nun habe sich seine Partnerin nach sieben Jahren völlig unerwartet von ihm getrennt. Sein Promotionsvorhaben stehe auf der Kippe, der Druck steige, er sehe zunehmend keinen Ausweg mehr. Er fragt sich, wie lange er dem Druck standhalten könne, zumal er seinen beiden schwerkranken Eltern versprochen habe, noch in diesem Jahr zu heiraten. Er stellt sich vor, wie es wäre, sich vom Dach des Wohnheims zu stürzen.

Herr S. (Mitte 40), Mitarbeiter einer großen Behörde, steckt aufgrund eines länger anhaltenden Konflikts mit KollegInnen mitten in einigen arbeitsrechtlichen Auseinandersetzungen, als er zu uns in die Offene Tür-Stelle kommt. Er erlebe die Maßnahmen als extreme „Degradierung" und Nicht-Anerkennung seiner bisherigen Leistungen. Er sieht keinen Sinn mehr darin, weiterzukämpfen. Er berichtet, dass er auch beim Arbeitskreis

Leben (AKL) Gespräche habe. Als er nach einigen Gesprächen mit Termin nicht mehr in unserer Beratungsstelle auftaucht, erfahre ich von seinem Tod zufällig aus der Tageszeitung.

Frau T. benennt im Erstgespräch ihre starke Todessehnsucht. In ihr sei der Wunsch, dass es endlich vorbei wäre. Sie gehe auf ihren 30. Geburtstag zu und ziehe jetzt Bilanz: viele wechselnde Beziehungen, sie sei immer wieder ausgenutzt worden, sie habe Angst, sich zu binden, am Ende sei alles sinnlos. In den Folgegesprächen gelingt es der Besucherin, neben dem Schmerz und der Reue über Vergangenes auch Momente der Zuversicht in der Gegenwart zu entdecken. Sie stabilisiert sich nach und nach und entscheidet sich zu einem beruflichen Wechsel, was sich als Glücksfall herausstellt: Sie lernt dort jemanden kennen, mit dem sie eine Beziehung eingeht.

Ohnmacht aushalten

Offene Tür-Stellen werden von Menschen in akuten wie auch in schleichenden Krisenprozessen genutzt. So kann das Gespräch in der Krisenberatung dazu dienen, sich – vielleicht zum ersten Mal – mit einem persönlichen Thema zu zeigen, sich zu sortieren, in einen Austausch zu gehen. Auf Seiten der BeraterInnen und SeelsorgerInnen, das hat sich in den Intervisionen dazu auch in unserem Team immer wieder erwiesen, spielt die eigene Haltung zum Suizid eine bedeutende Rolle. In Analogie zu „therapeutisch günstigen Grundeinstellungen zum Suizid" lässt sich mit Wolfram Dorrmann hier festhalten: „Man kann letztlich niemanden hindern, sich umzubringen. Wer es wirklich tun will, wird immer eine Möglichkeit finden."[34] Gefordert sind also eine grundsätzliche Offenheit und das Einverständnis, dass mein Gegenüber unter Umständen auch den Tod wählen wird. „Es hilft dem Gegenüber, wenn er merkt, dass ich meine Angst, er könnte sich umbringen, aushalten kann. Solange jemand andere an seiner Tat Anteil nehmen lässt oder z.B. mich in sein Vorhaben einweiht, will er noch irgendetwas. Genau das berechtigt mich zur Hilfe oder zum Handeln."[35]

Immer wieder äußern Menschen bei uns genau solche Gedanken, die ihnen manchmal auch selbst Angst machen, die ihnen in einem anderen Moment aber als einzige Lösung für eine als ausweglos empfundene Situation erscheinen. Hierfür ist eine fachliche Einschätzung von Suizidalität notwendig. Das 2025 neu von TelefonSeelsorge® und Offene Tür-Stellen herausgegebene Handbuch Suizidprävention fasst präzise zusammen, auf was es zu achten gilt, wenn Menschen sich mit diesem Thema in die Krisenberatung begeben:

In einem 1. Schritt ist es aus unserer Haltung heraus daher wichtig, dass diese Gedanken offen geäußert werden dürfen, bei leisen Hinweisen oder Uneindeutigkeiten erkundigen wir uns gezielt nach Suizidgedanken. In den meisten Fällen führt das beim Gegenüber zu einer Erleichterung. In einem 2. Schritt explorieren wir diese Gedanken und unterscheiden zwischen akuter Suizidalität und lebensmüden Gedanken.[36]

---

34 W. Dorrmann, Suizid: Therapeutische Interventionen bei Selbsttötungsabsichten, Stuttgart 2006, 24.

35 Ebd., 27.

36 Vgl. Telefonseelsorge® Deutschland e.V. (Hg.), Handbuch Suizidprävention (Neuauflage), Berlin 2025.

Nach wie vor ist das eine der großen Herausforderungen in der Erstbegegnung:

> Die Beurteilung des Suizidrisikos gehört zweifellos zu den verantwortungsvollsten Aufgaben, und es ist verständlich, dass seit langem nach verbindlichen Kriterien gesucht wird, um die Unsicherheit in der Einschätzung der Suizidalität, des Integrals aller Kräfte und Funktionen, die zu einem Suizid tendieren, zu reduzieren. Es liegen jedoch begreiflicherweise kaum genauere Untersuchungen über den Zeitraum unmittelbar oder kurz vor einem Suizid vor.[37]

Hier bleibt insbesondere in der Offene Tür-Arbeit zusätzlich das Dilemma, dass wir bei zugesicherter Anonymität der Beratung keine Daten des Gegenübers erheben und insofern auch im Nachgang eines Gesprächs nicht – wie es teilweise bei Psychotherapeuten Praxis ist – aufgrund einer danach eingegangenen E-Mail weitere zuständige Stellen informieren könnten. Das Gegenüber nach einem Erstkontakt ohne weitere Bereitschaft zum Gespräch oder ohne die Zusage, zu einem Folgetermin zu kommen, dann in seiner soweit offensichtlich vorhandenen Autonomie ernst zu nehmen und ziehen zu lassen, ist immer wieder eine kraftzehrende Gratwanderung.

Im Falle einer akuten Suizidalität geht es darum, mit der Person eine Bereitschaft für eine psychiatrische Abklärung oder Einweisung zu erarbeiten und gegebenenfalls den Kontakt zu einer psychiatrischen Klinik herzustellen. Die Grundhaltung in diesen oft intensiven Prozessen ist die „engagierte Gelassenheit": Wir sind präsent und aufmerksam. Wir halten Verunsicherung, Ohnmacht und Todeswünsche aus. Wir bemühen uns um

---

37 G. Sonneck et.al., Krisenintervention und Suizidverhütung, Wien 2016, 173.

Kontakt. Wir beobachten sehr genau, wieviel Nähe möglich ist und wie viel Abstand es braucht. Wir sind gleichzeitig in unserer Fachlichkeit gebunden an klare Vorgaben des entschlossenen Handelns, sprich dem Einleiten einer Notfallversorgung, wenn der Kontakt zum Gegenüber nicht mehr herstellbar ist.

Wenn wir akute Suizidalität ausschließen können, legen wir Wert darauf, dass das Thema Suizidalität besprechbar wird und Raum bekommt. „Wenn nicht hier, wo dann?!" – so einer unserer Leitsätze. Dabei ist es unerlässlich, mit dem Gegenüber aufmerksam, wertschätzend und nicht wertend vor allem auch die Ambivalenzen und erlebten inneren Widersprüchlichkeiten auszuhalten und die Ohnmacht im Raum nicht klein zu reden. Wo der Kontakt gut gelingt, lässt sich auch gegenüber Besucher*innen der Unterschied zwischen lebensmüden Gedanken und akuten Suizidgedanken herausarbeiten. Wenn Selbst- und Fremdwahrnehmung übereinstimmen, sind die Voraussetzungen für ein weiteres Beratungsgespräch jenseits von Notfallversorgung günstig. Als Offene Tür-Stelle bieten wir auch hier nicht nur ein niederschwelliges Erst- bzw. Einmalgespräch an. Wir können auch fortlaufende Beratungsprozesse anbieten, in denen Themen erarbeitet und vertieft werden können. Darüber hinaus verfügen wir über eine sehr gute Vernetzung mit anderen psychosozialen Fachstellen, an die wir gezielt verweisen und die unsere Besucher*innen durch unseren Hinweis zusätzlich nutzen können. Vor allem die Telefonseelsorge® und örtliche Suizidpräventionsstellen wie der Arbeitskreis Leben (AKL) sind hier wichtige Kooperationspartner, aber auch andere Fachdienste kommen ins Spiel, da sich in den Begleitungen oft herausstellt, dass das Gegenüber auch zu weiteren Themen wie z.B. Sucht oder Finanzfragen Unterstützung braucht.

Durch die Möglichkeit fortlaufender Beratungsgespräche erhält die betroffene Person ausreichend Zeit, um sich selbst in der Krise und mit ihren lebensmüden Gedanken besser zu verstehen. In der Entschärfung und einem Verständnis für Gedanken der Erschöpfung und des „so nicht mehr leben Wollens" sowie der Erlaubnis, dass diese Gedanken im Rahmen von Krise Bestand haben dürfen, können Denkprozesse wieder erweitert und angeregt werden. Die anfängliche Einengung und Angst kann dann häufig einem „Mehr-Verstehen-Wollen" und einem konstruktiven gemeinsamen Austausch weichen. Neben die Klarheit, so nicht mehr leben zu wollen, kann dann die Frage treten: „Wie will ich leben?" Ein Ziel in der Beratung ist es dann, gemeinsam mit dem Gegenüber Deutungsideen für die Lebensmüdigkeit zu entwickeln und – ganz wichtig – einen Umgang damit zu finden, wobei die Perspektive dann nach vorne zielt und auslotet, was möglich wäre.

Damit ein solcher Prozess zuverlässig und mit ausreichend Zeit und Ruhe begleitet wird, sind die regelmäßigen wöchentlichen Intervisionstreffen des Teams sowie die regelmäßige Supervision eine wichtige Maßnahme der Qualitätssicherung und helfen, auch als Berater*in eigenes Ohnmachtserleben zu reflektieren und zu bearbeiten.

Begleitung von Angehörigen, Freundinnen und Freunden

Ein weiteres Thema in unseren Beratungen ist die Begleitung von Angehörigen im Umfeld von Menschen, die Suizidgedanken äußern sowie die Begleitung nach dem Suizid eines nahestehenden Menschen. In vielen Fällen sind wir dabei erste Anlaufstelle und handeln auch dann nach den uns leitenden Grundsätzen, indem wir versuchen, ganz präsent zu sein, möglichst nicht wertend zu begleiten und genau zu schauen, was unser Gegenüber braucht. Es ist berührend zu sehen, wie gerade junge Menschen viel Engagement zeigen für MitbewohnerInnen oder FreundInnen. Dabei gilt es für die Betroffenen, die Gratwanderung „zwischen Liebe und Abgrenzung" zu vollziehen, um hilfreich in Kontakt zu bleiben. Auch wenn ein Suizid stattgefunden hat, zeigt es sich, dass Menschen meist offen sind für die Teilnahme an einer Selbsthilfegruppe oder bereits Angebote kennen und wahrnehmen, wie sie der Arbeitskreis Leben (AKL), Caritas und Diakonie und weitere psychosoziale Fachdienste zu diesen Themen anbieten. Da es gerade bei langanhaltender „komplizierter Trauer"[38] immer wieder und akut Gesprächsbedarf geben kann, bieten wir diesen Menschen neben Terminen auch aktiv an, weiterhin in unsere offenen Sprechzeiten zu kommen – mit der Idee und großen Chance, dass ein Gespräch noch am selben Tag als hilfreich und entlastend erlebt wird.

---

38 Vgl. H. Znoj, Komplizierte Trauer, Göttingen 2016, und U. Backhaus, Personzentrierte Beratung und Therapie bei Verlust und Trauer, München 2017, 72-85.

3.7 Verarbeiten und Überlassen

Für die ehrenamtlich und für die beruflich Mitarbeitenden in der Offene Tür-Stelle ist das immer wieder eine Übung in Demut: Oft genug nicht zu wissen, wie es mit dem Menschen weiterging, weitergeht, wenn er bei uns war. Die folgenden Überlegungen reflektieren, welche Haltung dies erfordert, was Mitarbeitende dabei erleben und was sie tun können, um damit gut umzugehen.

The Acceptance of Powerlessness (Brian Thorne)

Ich glaube, dass das Annehmen von Ohnmacht in unserer Kultur sehr rar geworden ist. Wir wollen eigentlich Lösungen und erwarten Antworten auf jedes Problem, am besten von einem Experten zur Verfügung gestellt. Wir werden frustriert und wütend, wenn eine Lösung nicht greifbar scheint. Das Annehmen von Ohnmacht, von dem ich spreche, besteht jedoch in der Einsicht in unsere eigenen Grenzen und gleichzeitig im Wahrnehmen der unendlichen Ressourcen, von denen wir umgeben sind. In solchen Zusammenhängen stelle ich als Berater fest, dass ich nicht länger ängstlich darauf aus bin zu beweisen, was für ein "guter" Therapeut ich bin, der alle richtigen Antworten bereithält oder alle richtigen Entwicklungen ermöglicht. Außerdem kann auch der Klient sich angesichts des Nicht-Wissens entspannen, ohne sich zu fürchten oder frustriert zu sein. Ich betrachte dieses Annehmen der Ohnmacht mittlerweile als eine der größten Früchte des Vertrauens in den spirituellen Grund der Schöpfungsordnung und des menschlichen Wesens. Wir werden angeleitet, auf den Geist zu warten, der fast immer kreativ ist und der regelmäßig zu unerwarteten Ergebnissen führt. Solches Warten scheint die gewohnten zeitlichen Begrenzungen zu transzendieren und hat den kraftvollen Effekt, die Angst vor der Zukunft zu beseitigen. Kurz gesagt, Berater und Klient erleben ihre Verortung in der spirituellen Ordnung und leben, wenn auch nur ganz kurz, im Licht der Ewigkeit. In solchen Momenten wird das Leben im gegenwärtigen Moment nicht nur wünschenswert, sondern ganz leicht.[39]

Verarbeiten und Überlassen

Wenn nach einem vollen Tag mit sechs Stunden offener Sprechzeit am Abend nach 18 Uhr die letzte Besucherin gegangen ist, schließt unsere Offene Tür-Stelle. Auf dem Anrufbeantworter werden Menschen auf die Nummer der TelefonSeelsorge® verwiesen. Als Berater und Seelsorger setze ich mich auf mein Fahrrad und trete den Heimweg an. In Gedanken und im Herzen lasse ich manchmal die Menschen nochmals vor meinem inneren Auge erscheinen. Wer war heute da? Welche Anliegen kamen zur Sprache? Was war mein erster Eindruck, was kam bei einem zweiten Blick zum Vorschein? Es gehört zum Reiz der Arbeit in unserer Offene Tür-Stelle, dass wir uns morgens noch nicht ausdenken können, welche Geschichten uns an einem Beratungstag erwarten und was uns davon mehr oder auch weniger berührt.

---

39 B. Thorne, Counselling and Spiritual Accompaniment: Bridging Faith and Person-Centered Therapy, Hoboken/New Jersey 2012, S. 119-120; Übertragung ins Deutsche: Heidi Lang.

Was außerhalb der Öffnungszeiten geschieht

In unseren Team-Treffen einmal pro Woche berichten wir einander von den Erstbegegnungen, auch um zu sehen, welche Menschen vielleicht mehrmals zu unterschiedlichen Beratungsfachkräften gekommen sind. Als Regel legen wir diesen Personen dann nahe, sich auf eine Beraterin bzw. einen Berater festzulegen, um unsere Kräfte zu bündeln, vor allem aber um den Beratungsprozess sinnvoll gestalten zu können. Neben dem Austausch und der Information über besondere Vorkommnisse oder Ereignisse in der offenen Sprechzeit dient die Teamsitzung auch der Intervision. Kollegiale Fallbesprechungen sind ein kontinuierliches Instrument der Qualitätssicherung unserer Arbeit und helfen enorm, wenn Beratungskontakte als belastend oder unbefriedigend erlebt wurden. Und natürlich besprechen wir manchmal, ob eine Person bei einer anderen Kollegin besser aufgehoben ist oder auch, dass nach einer gewissen Zeit ein Wechsel der Beratungsfachkraft sinnvoll sein kann.

Themen, die uns immer wieder begegnen, sind dabei die Regulierung von Nähe und Distanz, das Aushalten von eigener Ohnmacht, aber auch die Erfahrung und Übung, mit Menschen in Kontakt zu sein, die gar keine Wünsche oder Möglichkeiten haben, an sich zu arbeiten oder in einen konstruktiven Prozess einzusteigen. Die bunte Mischung und unterschiedliche Schwere und Tiefe der Beratungsanlässe hilft dabei ganz enorm, einen Arbeitstag gut zu gestalten – immer wieder berichten wir einander von sehr interessanten und kaum vorstellbaren Geschichten, Lebensentwürfen oder Problemstellungen, die für uns alle neu sind. Immer hilfreich und notwendig ist ein „dynamisches Balancieren" mit den eigenen Kräften im Sinne der Themenzentrierten Interaktion (TZI), wenn sich schwere und dunkle Themen an manchen Tagen durchaus häufen. Das kurze Gespräch in der Teeküche mit Kolleg*innen ist dabei mindestens so wichtig wie die regelmäßige externe Supervision, mit der wir zusätzlich unsere Beratungspraxis reflektieren und kontinuierlich weiterentwickeln.

Nach ersten Erfahrungen mit dem Konzept des „blended counseling", das mit der Corona-Pandemie seinen Anfang nahm, ist es mittlerweile ein kleiner, aber feiner Baustein der Offenen Tür-Arbeit geworden, neben den face-to-face Beratungen auch per Video in Kontakt zu treten. Auch wenn das die Möglichkeit böte, außerhalb unserer Öffnungszeiten Gesprächskontakte anzubieten, sind wir doch bestrebt, uns auch hier im Rahmen der Werktage und den üblichen Gesprächszeiten zu bewegen. Es hat sich bewährt, bei sehr dringlich vorgetragenen Bitten nach kurzfristigen Terminen mit etwas Skepsis zu agieren – die Erfahrung hat gezeigt, dass sich daraus ganz selten konstruktive Beratungskontakte ergeben. Auch hier gehört es zur Grundhaltung auf Seiten der Beratungsfachkräfte, dem ersten Eindruck zu vertrauen, den ein Erstkontakt hinterlässt.

Oft genug können wir nicht helfen, und manchmal müssen wir das auch ganz klar sagen. Dabei unterstützen wir uns gegenseitig im Team und arbeiten auch mit den Ehrenamtlichen immer wieder daran, durch eine gute Regulierung von Nähe und Distanz, von Auftragsklärung und Selbstreflexion dazu beizutragen, dass es uns als Haupt- und Ehrenamtliche „nach einem Gesprächskontakt nicht schlechter geht als zuvor", wie es ein Kollege gerne schmunzelnd formuliert. Dahinter steckt die Einsicht, dass wir in der Beratung sehr viel aushalten, zulassen, mittragen, dies aber – jedenfalls auf Dauer – nicht auf Kosten der Beratenden gehen darf. Fortbildungen zur Selbstfürsorge und zur Selbstleitung sind daher immer wieder auf der Tagesordnung,

und supervisorische Begleitung und Reflexion stellt sicher, dass
die Gratwanderung gelingt.[40]

Die Dynamik der Beziehungen

In den unterschiedlichsten Kontakten und Beratungsreihen sind
wir als Berater*innen natürlich permanent herausgefordert, aufmerksam zu bleiben für die Art der Beziehung, die wir mit den
Ratsuchenden eingehen. In den Erstkontakten sind darum die
Dimensionen Offenheit, Weite und Raum geben sehr wichtig,
auch wenn manchmal in sehr stark nachgefragten offenen
Sprechzeiten der Faktor Zeit eine stark begrenzende Rolle spielt,
wenn noch mehrere Menschen im Foyer auf ein Erstgespräch
warten. Hier kommt es darauf an zu vertrauen, dass für jede und
jeden unter den gegebenen Umständen „genug" Zeit sein wird,
jedenfalls für ein erstes Abstecken des Themas, und gegebenenfalls ja auch ein Folgetermin fest vereinbart werden kann.

Bei längeren Beratungsreihen bewährt sich in unserer Arbeit, dass wir jeweils von Mal zu Mal einen neuen Termin vereinbaren und keine Reihen vorab festlegen. So bleibt der Fokus
auf der Autonomie der Ratsuchenden, die einerseits in aller Regel die Beratungstermine sehr gerne in Anspruch nehmen, andererseits aber die Freiheit haben, auch einen Prozess abzukür-
zen, sobald sich der Bedarf verändert oder erledigt hat. Auch wir
als Beratende haben damit die Freiheit, von Mal zu Mal zu entscheiden, wie und in welchem Abstand es notwendig und hilfreich ist, einen neuen Termin zu vereinbaren. Das hilft dem
Prozess und erlaubt ein stetes Bilanzieren. Ist die Beziehung sta-
bil genug, lässt sich dies auch gut kommunizieren und wirkt sich

---

40 Vgl. J. Hargens, Bitte nicht helfen! Es ist auch so schon schwer genug. (K)Ein
   Selbsthilfebuch, Heidelberg 2019, und W. Schmidbauer, Hilflose Helfer –
   Über die seelische Problematik der helfenden Berufe, Reinbek 1992.

produktiv auf Beratungsfortschritte aus. Ist die Beziehung schwierig, nehmen wir dies in der Regel zum Anlass, genauer zu schauen, genauer zu verstehen, und gegebenenfalls auch durch Intervision und Supervision neue Ideen zu entwickeln.

Spirituelle Haltungen

Nicht zuletzt spielen auch spirituelle Haltungen in unserem Team eine Rolle. Das Loslassen und Überlassen einzelner Menschen und deren Schicksale geschieht ja exemplarisch nicht nur im jährlich gefeierten Gottesdienst zum Gedenken an die Suizidtoten, den jeweils Teammitglieder zusammen mit der TelefonSeelsorge® und dem Arbeitskreis Leben (AKL) vorbereiten und gestalten. Spirituelle Elemente bei Fortbildungen und Treffen mit den Ehrenamtlichen haben neben dem Charakter der Stärkung und Ermutigung auch die Bedeutung des Abgebens und Überlassens: Wir vertrauen die Menschen, für die wir diesen Dienst tun, einer größeren Kraft an. Die Verbundenheit in der Gemeinschaft der Haupt- und Ehrenamtlichen hilft dabei dazu, mit mindestens zwei verschiedenen Perspektiven auf unsere Besucherinnen und Besucher zu schauen: Neben dem „professionellen" Blick kommt hier mit dem alltäglichen niedrigschwelligen Kontakt der Ehrenamtlichen eine weitere Sicht dazu, sodass wir als Gemeinschaft und im weitesten Sinne als Kirche die Menschen mittragen und begleiten, was zu den schönen und kostbaren Erfahrungen in dieser Form der kirchlichen Krisenberatung zählt.

Bei besonders herausfordernden GesprächspartnerInnen ist es eine spirituelle Übung, im Gegenüber ganz bewusst die Schwester oder den Bruder zu sehen, um es mit Worten des Matthäus-Evangeliums zu sagen: „Was Ihr getan habt..." (Mt 25, 40). Zugespitzt formuliert das ein Kollege gerne so, dass er es sich dann zur Aufgabe macht, „das Antlitz Christi in meinem

Gesprächspartner zu entdecken". Es ist diese im Wortsinn de-
mütige Haltung, die permanent daran erinnert, dass wir auf beiden Seiten in einer Suchbewegung sind, die aushält, nicht zu
wissen, was jetzt vielleicht als hilfreich erlebt wird. Und die zugleich geistesgegenwärtig bleibt für Kräfte, Wirkungen und
Überraschungen, die – seien sie noch so klein – dem Anderen
und mir selbst unwillkürlich zufallen, wie kleine Geschenke aus
dem Raum des Unverfügbaren (Hartmut Rosa).[1] In diesem Prozess sich selbst und mein Gegenüber immer wieder dem „Ganz
Anderen" zu überlassen, gehört zu dieser Haltung für mich ganz
wesentlich dazu. So ereignet sich zugleich auch mit dem Überlassen ein Moment der Entlastung für uns als Beratende. Das hat
Ähnlichkeit mit dem, was die Anonymen Alkoholiker in ihrem
dritten Schritt so formuliert haben: „Wir fassten den Entschluss,
unseren Willen und unser Leben der Sorge Gottes – wie wir ihn
verstanden – anzuvertrauen." Solch ein Überlassen und Anvertrauen scheint mir hilfreich und wertvoll – vor, während und
vor allem auch nach den Begegnungen mit den Menschen in der
Offene Tür-Stelle.

---

1   Vgl. H. Rosa, Unverfügbarkeit, Wien/Salzburg 2020.

4 Individuelle Krisen und die Polykrise

Mehr und mehr wird in Therapie, Beratung und Seelsorge darüber nachgedacht, wie sich individuelles Krisenerleben und die vielfältigen Krisen unserer Zeit wechselseitig bedingen, beeinflussen und vielleicht auch verstärken oder begrenzen können. Die folgenden Essays versuchen, diesem größeren Zusammenhang nachzuspüren und wollen mit den darin enthaltenen Fragen und Antwortversuchen „über den Tellerrand" des individuellen Beratungs- und Seelsorgegesprächs hinausschauen.

4.1 Endlich leben

Alles ist vergänglich, alles ist endlich. Was im individuellen Dasein immer wieder erinnert und eingeübt werden muss, scheint im Leben derer, die andere beraten oder seelsorglich begleiten, oft in Vergessenheit zu geraten. Therapierichtungen, die den Schwerpunkt auf das konstruktive Potenzial des Menschen setzen, laufen bisweilen Gefahr, die leidvollen Seiten des Lebens und die Wirklichkeit des Todes zu wenig zu beachten. Zum personzentrierten Arbeiten gehören Leid und Tod als existentielle Wahrheiten dazu. Wo Endlichkeit und Begrenztheit bewusst bejaht werden, verändert dies die Einstellung derer, die in Seelsorge und Beratung, Coaching und Supervision tätig sind. Jenseits von Dramatisierung oder Bagatellisierung kann mit einer Haltung der „heiteren Gelassenheit" (Kurt Marti) ausgehalten werden, was nicht zu ändern ist. Hier und da kann Neues entstehen. Gelassenheit stellt sich ein, die sich auch auf die Prozesse der Beratung überträgt. Angelehnt an Bronnie Wares Bestseller „5 Dinge, die Sterbende bereuen" werden Thesen entwickelt, wie Beratende im Prozess achtsamer und gelassener bleiben können.[2]

Religionsphilosophisches: Gott im Diesseits (Kurt Marti)

Was man auch immer gegen das Erste resp. Alte Testament kritisch einwenden mag: Durch seine resolute Diesseitigkeit unterscheidet es sich von fast allen Religionen, die sich vorab auf postmortale Existenz und Jenseitigkeit ausrichten, so dass die Gleichung „Glaube an Gott = Glaube an ein Weiterleben nach dem Tod" zum Gemeinplatz selbst unter Religionswissenschaftlern geworden ist.

Sollte Religion tatsächlich mit Jenseitsglauben identisch sein, dann ist das Erste Testament kein religiöses Buch. Oder es ist, mit seiner Diesseitigkeit, seiner Weltlichkeit, ein religiöses Ärgernis. Hier greifen nicht Menschen nach dem Jenseits, hier greift Gott nach dem Diesseits. Damit tanzt der Glaube Alt-Israels sozusagen aus der Reihe der Religionen.

Lese ich im Ersten Testament, in den Psalmen z.B., atme ich alsbald erleichtert auf: Hab Dank, o Gott, dass (auch) meine Seele sterblich sein darf.[3]

---

2   Vgl. dazu meine Ausführungen in: Ch. Lang, „Endlich leben – endlich beraten: ein personzentrierter, pastoraltheologischer Zwischenruf", Gesprächspsychotherapie und Personzentrierte Beratung Jg. 48 (2017): 94-97.

3   K. Marti, Gott im Diesseits: Versuche zu verstehen, Stuttgart 2005, 31-32.

Endlich leben

Die folgenden Überlegungen entstanden nach und nach durch die pastorale Herausforderung, am letzten Sonntag des Kirchenjahres, dem Ewigkeitssonntag, die vielen Namen der Verstorbenen zu verlesen. Abschiede gehören so wesentlich zum Dienst als Seelsorger dazu, dass ich nach und nach verstanden habe, diese nicht nur als Last, sondern tatsächlich als Gewinn zu betrachten. Sie dienen mir persönlich zur existentiellen Besinnung, weil ich durch die Trauerfeiern immer wieder auch persönlich herausgefordert werde. So lasse ich mich unterbrechen, regelmäßig und doch nicht planbar. Mich bewegt die Frage, was ich durch die vielen Abschiede lernen kann für meine Arbeit. Im Sinne des jüdisch-christlichen Erbes schwingt dabei mit, was Psalm 119 so ausdrückt: „Ich bin ein Gast auf Erden." Wenn dies tatsächlich eine menschliche Grundbefindlichkeit ausdrückt, dann ist auch alles Geschehen in Beratung, Coaching und Supervision unter dieser Überschrift zu betrachten: dass wir in allem „endlich" sind. So schreibe ich diese Zeilen aus der Perspektive eines Seelsorgers und eines personzentrierten Supervisors, für den Berufs- und Selbst-Erfahrung wesentlich zusammengehören und einander bereichern und ergänzen.[4]

Alles ist vergänglich

In vielen Prozessen von Beratung, Seelsorge und Trauerbegleitung klingt es an: das Thema „Vergänglichkeit". Vielstimmig bringen biblische Texte in existenzieller Ernsthaftigkeit zum Ausdruck, was mir in der Beratung immer wieder mitten im Leben begegnet: Dass eine Auseinandersetzung mit dem Tod dem

---

4   Vgl. P. F. Schmid, Personale Begegnung: Der personzentrierte Ansatz in Psychotherapie, Beratung, Gruppenarbeit und Seelsorge, Mainz 1989, 180-185.

Leben Qualität und Tiefgang verleiht. Der Therapeut und
Schriftsteller Irvin D. Yalom hat diesen Zusammenhang in einem seiner Bücher so beschrieben:

> Weit mehr Patienten als angenommen haben mit existenziellen
> Themen zu kämpfen. Die Patienten [...] setzen sich mit der
> Furcht vor dem Tod, mit dem Verlust geliebter Menschen und
> dem letztendlichen Verlust ihrer selbst auseinander. Sie be-
> schäftigen sich damit, ein sinnvolles Leben zu führen, sich mit
> dem Altern und den schwindenden Möglichkeiten zu arrangie-
> ren, mit Handlungsoptionen, mit fundamentaler Isolation.[5]

Der Berater, so Yalom, sollte „eine ausgeprägte Sensibilität für
existenzielle Themen" haben, das Wichtigste, was er einem Pa-
tienten geben kann, sei „eine authentische, heilsame Beziehung,
die es ihm ermöglicht zu gesunden."[6] Ziel des Prozesses sei es,
dass sich Menschen mit diesen beiden existenziellen Fragen aus-
einandersetzen und eigene Antworten finden: Was ist der Sinn
meines Daseins? Und: Was bedeutet es für mich, ein endliches
Wesen zu sein?

Meine These lautet, dass die kollektiven Überforderungs-
und Burnout-Symptome, wie ich sie durch meine Tätigkeit in
Kirche und Diakonie exemplarisch für die ganze Gesellschaft erlebe, ein Hinweis darauf sind, dass das Thema „Endlichkeit"
noch nicht hinreichend in den Blick genommen und bearbeitet
wurde. So entsteht ein Erfolgsdruck auf viele in Beratung und
Seelsorge, sowohl bei den Ratsuchenden, aber eben auch bei denen, die beraten. Offensichtlich vergessen wir oft, dass alles

---

5   I. D. Yalom, Denn alles ist vergänglich: Geschichten aus der Psychotherapie,
     München 2015, 231f.

6   Ebd., 229.

unter dem Vorbehalt des „Vorläufigen" steht, dass wir nur „Gast auf Erden" sind. Der permanente Innovations- und Reformdruck in Kirche und Zivilgesellschaft erzeugt atemlose Zeitgenossen. Umgekehrt wäre es heilsam, Abschiede zu gestalten – und dafür Zeit einzuräumen: Das Ende einer Gruppe oder eines bestehenden Treffpunkts, der Abschied von einem Gebäude oder einem Stellenplan, die Fusion zweier bisher selbständiger Gemeinden, für die jeweils etwas zu Ende geht – all das braucht Zeit und Kraft und will achtsam begleitet sein.

So ist auf einer zunächst individuellen Ebene, dann aber auch im Blick auf die Zivilgesellschaft und die Kirchen zu bedenken, was der Franziskaner-Pater Richard Rohr im Blick auf die Entwicklung einer reifen Persönlichkeit schreibt: „Allen herausragenden Menschen, denen ich begegnet bin, war etwas gemeinsam: In gewisser Weise sind sie gestorben, bevor sie gestorben sind. [...] Unser fehlendes Training in Trauerarbeit und Loslassen sowie die Unfähigkeit, uns dem größeren Leben anzuvertrauen, sind der Grund für unsere ganze spirituelle Krise."[7]

Ein neuer spiritueller Ansatz: „Frömmigkeit für Erdlinge"

Auf diesem Weg, der sich zunächst auf der Ebene persönlicher Spiritualität beschreiben lässt, geht es darum, zu einer realistischen Einschätzung der Welt, des eigenen Lebens und der eigenen Möglichkeiten zu kommen, um darin und in der Einübung einer „Frömmigkeit für Erdlinge"[8] das Leben und Arbeiten klarer zu gestalten und in einem weisheitlichen Sinne zu vertrauen. Dies kann nicht nur zu einer Wiederentdeckung der mystischen

---

7 R. Rohr, Endlich Mann werden: Die Wiederentdeckung der Initiation, München 2005, 18-19.

8 G. Müller-Fahrenholz, Heimat Erde: Christliche Spiritualität unter endzeitlichen Lebensbedingungen, Gütersloh 2012, 134-135.

Suche nach Gott führen, sondern auch die Endlichkeit allen Lebens ganz neu definieren. In diesem Sinne hat der Dichter und Pfarrer Kurt Marti in seinem Büchlein „Heilige Vergänglichkeit" formuliert:

> Der größere Teil der Bibel, nämlich das Erste Testament, ist radikal diesseitig und weiß nichts von einem individuellen Weiterleben nach dem Tod. Alt-Israels Gottesleidenschaft bedurfte keiner persönlichen Jenseitshoffnung. Gott ist unser Jenseits. Das zu glauben genügt, und alles weitere (auch Verwandlung, Auferstehung usw.) bleibt ihm überlassen.[9]

Endliche Spiritualität, wie sie hier entfaltet wird, ist nicht nur auf einer individuellen Ebene heilsam und als „geerdete" Frömmigkeit in höchstem Maße dem Leben zugewandt – sie hat auch Implikationen und Konsequenzen für jene, die beruflich und ehrenamtlich Kirche gestalten oder sich als Beratende oder in Supervisionsprozessen engagieren. Solche Spiritualität ist zudem offen für ein Gespräch der Religionen und der Weltanschauungen, denn diese Grundbefindlichkeit verbindet alles Lebendige miteinander.

Fünf Dinge, die endliche Berater*innen anders machen sollten

In Anlehnung an Bronnie Wares „5 Dinge, die Sterbende am meisten bereuen"[10], formuliere ich fünf Thesen, zugeschnitten auf Beratende, Coaches und Supervisorinnen.

---

9   K. Marti, Heilige Vergänglichkeit: Spätsätze. Stuttgart 2010, 35.

10   B. Ware, 5 Dinge, die Sterbende am meisten bereuen: Einsichten, die Ihr Leben verändern werden. München: 2013.

These 1: Als endliche Berater*innen werden wir fröhlicher und gelassener Erwartungen enttäuschen.

„Ich wünschte, ich hätte den Mut gehabt, mir selbst treu zu bleiben, statt so zu leben, wie andere es von mir erwarteten." Dieser Wunsch Sterbender am Ende ihres Weges lenkt den Blick zunächst auf die Frage, was uns antreibt und herausfordert, den Erwartungen an uns zu entsprechen, auch dann, wenn sie nicht mit unserem Eigenen zusammenstimmen. Ein kurzer selbstkritischer Blick in den Alltag in Beratung oder Seelsorge genügt, um zu erkennen, wie sich „Eigenes" durch „Fremdes" überlagern lässt. Viele der Konzepte und Programme, auch die Statistiken und Evaluationen stehen oft in der Gefahr, nur danach zu fragen, „wie es ankommt" oder „wie etwas gewirkt hat". In den großen Kirchen werden dazu z.b. Milieustudien bemüht und Mitgliederbefragungen analysiert.

Ich plädiere dafür, dass Menschen in Kirche und Gesellschaft sich an der Stelle engagieren, wo ihr Herz schlägt, wo sie für etwas brennen, wo sie selbst etwas davon haben. Das sollte so auch für die beruflich Tätigen in den Kirchen gelten, nicht nur für die Ehrenamtlichen. In den Beratungsformaten Coaching und Supervision für beruflich Tätige in der Kirche geht es vor allem darum, wie es gelingen kann, die eigenen Stärken zu entdecken, diese sinnvoll und zielführend einzubringen, und dann auch hier und da „sozial verträglich zu frustrieren", wie es in einer Weiterbildungsbroschüre einmal zu lesen war. Ein Weg besteht darin, sich täglich der eigenen Endlichkeit bewusst zu werden, um weniger so zu leben und zu arbeiten, wie andere es (scheinbar) erwarten, und mehr sich selbst treu zu sein und sich selbst treu zu bleiben.

**These 2: Als endliche Berater*innen werden wir
viel mehr nach dem Lustprinzip arbeiten.**

„Ich wünschte, ich hätte nicht so viel gearbeitet." Dieses Bedauern Nr. 2, das Bronnie Ware beschreibt, ist in einer sich wandelnden Arbeitswelt und insbesondere in kirchlichen Berufen doppelt herausfordernd: neben der allgemeinen Bedeutung von Erwerbsarbeit in Deutschland kommt hier diffus noch die Vermischung von Arbeit und Freizeit, Wohn- und Arbeitsort, Residenz- und Präsenzpflicht hinzu – Themen, die in Coaching und Supervision kirchlich Mitarbeitender bisher ihren festen Platz haben. Die Ermutigung, wieder mehr nach dem Lustprinzip zu arbeiten, weg von Dienstplänen und Durchführungsbestimmungen, hin zu einem Leben und Arbeiten mit Maß, in Eigenverantwortung, in Hingabe, ohne dabei eigene Bedürfnisse zu verachten, ist dagegen m.E. ein verheißungsvoller Weg. Das setzt ein Klima des Vertrauens und der Wertschätzung auf allen Ebenen voraus und könnte im Sinne einer gelingenden Teamarbeit (oder wie es manchmal in kirchlichen Kreisen heißt: „Gabenorientierung") auch zu ganz neuen und individuellen Lösungen, nicht zuletzt in Teams und Dienstgruppen führen. Über die Bedeutung von Auszeiten und Ruhetagen im Blick auf die Qualität der Arbeit schreibt Richard Rohr sehr treffend: „Wenn nicht wenigstens ein Siebtel der Zeit dem Bewusstsein, der Gegenwart, dem bloßen Mensch*sein* gehört, werden die übrigen sechs Tage mit *Tun* angefüllt, das wenig Tiefe, Sinn oder wirklichen Zweck hat".[11]

---

11 R. Rohr, Endlich Mann werden, 192.

These 3: Als endliche Berater*innen werden wir Gefühle zulassen und sie mutiger ausdrücken.

„Ich wünschte, ich hätte den Mut gehabt, meinen Gefühlen Ausdruck zu verleihen." Ich träume von einer Gesellschaft, in der wir gemeinsam in Beruf und Ehrenamt an einer Kultur der Achtsamkeit, der Ehrlichkeit und des Vertrauens arbeiten. Oft genug sind es emotionale Blockaden, die uns an einem gesunden Leben und Arbeiten hindern. Auch dann wird es in Coaching und Supervision, in Gemeindeberatung oder in anderen Beratungs- und Bildungsprozessen darum gehen, dass Gefühle ausgedrückt werden – sei es in der Trauerarbeit, die wir auch angesichts „notwendiger Abschiede"[12] in den Kirchen und Vereinen, den Parteien und Institutionen zu gestalten haben, sei es in der Wahrnehmung der kleinen Momente an den Schwellen des Lebens, sei es im Blick auf ein gemeinsames Suchen und Fragen nach dem, was die Welt auch für unsere Kinder und Enkel lebenswert macht. Angesichts vielfältiger Be- und Überlastungssymptome bei den beruflich Tätigen in Diakonie, Caritas und den Kirchen gehört hier – jedenfalls im Blick auf die kirchlich Mitarbeitenden, die ich hier besonders vor Augen habe – die Fürsorge und Anerkennung dazu, dass die Dienste herausfordernd sind und Kraft kosten. In einem Klima, das aus der weisheitlichen Einsicht in die Endlichkeit aller Dinge heraus lebt, werden so auch ehrliche Gespräche zwischen allen Verantwortlichen möglich werden.

---

12 Vgl. K.-P. Jörns, Notwendige Abschiede: Auf dem Weg zu einem glaubwürdigen Christentum. Gütersloh 2008.

These 4: Als endliche Berater*innen werden wir die Kunst der Unterscheidung einüben, vor allem im Blick auf Nähe und Distanz in professionellen und privaten Beziehungen.

„Ich wünschte, ich hätte den Kontakt zu meinen Freunden gehalten." Grundsätzlich ist es immer eine Herausforderung, neben den professionellen Beziehungen für die kirchlich Mitarbeitenden, insbesondere für Priester und Pfarrerinnen und Pfarrer in den Gemeinden, solche Kontakte zu Freunden zu pflegen, die dann i.d.R. außerhalb der Gemeinde und des Gemeindealltags liegen. Auch hier erlebe ich die Kolleginnen und Kollegen zufriedener, denen eine klare Unterscheidung zwischen beruflichen und privaten Kontakten gelingt – wohl wissend, dass es auch andere Modelle dazu gibt, bei denen sich größere Schnittmengen zwischen beiden Bereichen ergeben, mit allen Vor- und Nachteilen. Angesichts der eigenen Endlichkeit ist es zumindest für die kirchlich Verantwortlichen bedenkenswert und herausfordernd, im pastoralen Dienst tatsächlich Beziehungen zu hierarchisieren – z.b. derart, die engsten Kontakte zur eigenen Familie, dann die Freunde und dann erst die Kontakte in der Gemeinde als wesentlich anzusehen.

These 5: Als endliche Berater*innen sind wir eingeladen, auf jegliches Glück besser zu achten und eine Kultur der Achtsamkeit zu entwickeln.

„Ich wünschte, ich hätte mir mehr Freude gegönnt." Angesichts der eigenen Endlichkeit können kirchlich Mitarbeitende, insbesondere Pfarrerinnen und Pfarrer oder Priester, aber auch Beratende und Coaches ganz persönlich eine Kultur der Achtsamkeit entwickeln. Dazu gehört, die kleinen Dinge zu beachten, und auch im Sinne der notwendigen Selbststeuerung Zeiten und Rhythmen so zu prägen, dass für Momente der Freude mehr Raum bleibt. Dazu gehören sicherlich auch Maßnahmen der

Weiterbildung, der Salutogenese, der Personalentwicklung – weniger im additiven Sinne weiterer Methodenkompetenzen, mehr im Sinne der Ermöglichung von Selbsterfahrung, von kleinen Auszeiten, von Freiräumen, damit eben die Freude mehr Beachtung findet und Kolleginnen und Kollegen sich etwas gönnen, nicht zuletzt im Sinne des bekannten Diktums von Bernhard von Clairvaux: „Gönne Dich Dir selbst!" Diese Analyse lässt sich m.E. leicht auf alle in Beratung, Coaching und Supervision Tätigen übertragen und führt direkt zur Frage der angemessenen Selbstfürsorge angesichts eigener Endlichkeit.

Endlich leben – endlich Berater*in sein

Unter dem Schlagwort „Endlich leben – endlich Berater*in sein" ließe sich nun nicht nur die individuelle Frage nach der Relevanz des Themas stellen. Es wäre auf einer gesellschaftlichen Ebene danach zu fragen, wo sich Beratende und deren Dachverbände positionieren – an der Seite des Erfolgs, der Machbarkeit, der Ideologie der Ganzheit, oder vielmehr an der Seite derer, die sich als Fragment verstehen und im Teilen und der gelebten Solidarität neue Wege ausprobieren. Im Blick auf die Endlichkeit nicht nur des menschlichen, sondern allen Lebens und im Wissen um die Begrenztheit aller Ressourcen wäre hier verbandspolitische Diskussionen spannend: Große Dachverbände wie Diakonie oder Caritas als Vorreiterinnen für eine Kultur des „Schonens"[13] und einer Haltung des „Genug"? Diese Diskussion wäre wohl erst noch zu führen und zu konkretisieren angesichts einer zunehmenden Ökonomisierung der Formate Beratung, Coaching und Supervision.

---

13 Vgl. C. Wagner, Schonung alles Lebendigen: Schriften aus dem Alltag 1901-1915 (Warmbronner Schriften 27), Warmbronn 2014.

Schließlich wäre das Thema auch in globaler Hinsicht genauer zu beleuchten, nicht erst seit Stephen Hawkins Prophezeiung vom Ende allen Lebens auf der Erde in etwa 1000 Jahren. Geiko Müller-Fahrenholz schreibt dazu in seinem Buch „Heimat Erde" aus einer dezidiert christlichen Perspektive, die aber sicherlich auch aus agnostischer oder buddhistischer Sicht zum Nachdenken anregen kann:

Und wie ist es mit dem Tod, dem ‚größten Feind'? Wir werden uns auch an dieser ‚Front' um eine Entfeindung kümmern müssen. Im Gegensatz zu den alten Träumen von der Unsterblichkeit und noch entschiedener im Gegensatz zu den neuen Träumen von der unendlichen Verlängerung des Lebens sollten Christen die Endlichkeit der Menschen als Zeitgenossenschaft zu allen endlichen Wesen in einem endlichen Gesamtsystem nicht nur seufzend akzeptieren, sondern beherzt begrüßen. Endlichkeit ist nicht nur eine anthropologische, sondern auch eine kosmische Gegebenheit, darum müssen sich an ihr die ethischen Fragen nach dem Maß des Machbaren und Wünschbaren ausrichten. Die Begrenztheit unseres Erdenraumes zieht die Begrenztheit unserer Lebenszeit nach sich. Damit aber erhält die Spanne, die uns zugemessen ist, einen besonderen Wert. Darum sollten wir uns darum mühen, dass die Lebenszeit für möglichst viele Menschen möglichst erfüllt, sinnvoll und schöpferisch verlaufen kann. Der unzeitige, gewaltsame Tod (als Folge von Hunger, Vertreibung, Krieg, Folter) bleibt eine Provokation, mit der wir uns nicht abfinden können. Aber es gibt auch den willkommenen Tod, wenn wir ‚lebenssatt' sind. Erde zu Erde, Asche zu Asche, Sternenstaub zu Sternenstaub. Auch das ist Heimkehr. Wir bleiben geborgen.[14]

---

14 Vgl. G. Müller-Fahrenholz, Heimat Erde, 119.

Für mich führen diese Einsichten zu einer heiteren Gelassenheit, zu einer Klarheit, durch die sich Prioritäten neu ordnen. Aus personzentrierter Sicht besteht die heitere Gelassenheit vor allem darin, sich weniger durch äußere Zuschreibungen und Erwartungen anderer oder internalisierter Selbstkonzepte zu definieren und vielmehr offen zu bleiben für den lebenslangen personalen Prozess. Carl Rogers nannte dies bekanntlich die jedem Menschen innewohnende Aktualisierungstendenz, Peter F. Schmid hat diesen Prozess sprachlich treffend als „Personalisierungstendenz"[15] beschrieben.

Endlich leben und das Zeitliche segnen – das wäre dann auch ein Widerstand gegen das Machbare, Planbare und ein Ausstieg aus dem Hamsterrad, verbunden mit einer Wiederentdeckung der *vita contemplativa*, wie sie sich nicht nur angesichts existentieller Abschiedserfahrungen, sondern auch angesichts globaler Endzeit-Szenarien nahelegt und von vielen neu entdeckt und als heilsam erfahren wird. So formuliert es der Philosoph Byung-Chul Han:

> Wird aus dem Leben jedes beschauliche Element ausgetrieben, so endet es in einer tödlichen Hyperaktivität. Der Mensch erstickt dann im eigenen Tun. Notwendig ist eine Revitalisierung der vita contemplativa, denn diese schlägt Atemräume auf. Vielleicht verdankt der Geist selbst seine Entstehung einem Überschuss an Zeit, einem otium, ja einer Langsamkeit des Atems."[16]

---

15 P. F. Schmid, „Ein Prozess der Personalisierung – Zum dialektisch-dialogischen Verständnis der Aktualisierungstendenz". Person Jg. 14 (2010): 148.

16 B. Han, Duft der Zeit: Ein philosophischer Essay zur Kunst des Verweilens. Bielefeld 2014, 111.

So möchte ich endlich leben und endlich arbeiten. Oder, um es mit einem von Kurt Martis Spätsätzen zu sagen:

Erwünscht wäre im Alter wahrscheinlich: Heitere Resignation. Noch besser ist allerdings – womöglich dankbare – Bejahung unserer Vergänglichkeit. Sie ist vom Schöpfer gewollt und deshalb: Heilige Vergänglichkeit.[17]

---

17 K. Marti, Heilige Vergänglichkeit, 33.

4.2 Hinschauen oder Verdrängen

Die Krisenphänomene weltweit häufen sich. Inzwischen gibt es eine eigene Wissenschaft für den planetaren Blackout: die Kollapsologie. Die Folgen des allgemein gepflegten Lebensstils, insbesondere in unseren westlichen Gesellschaften, bereiten vielen schlaflose Nächte. Individuelle und globale Erschöpfungsphänomene verweisen auf einen größeren Zusammenhang. Ob es gelingen kann, eine alte, wiederentdeckte Kulturtechnik zu entdecken, die der heilsamen Unterbrechung?[18]

Philosophisches: Verdrängung in der Palliativgesellschaft (Byung-Chul Han)

Wir leben in einer Gesellschaft der Positivität, die sich jeder Form von Negativität zu entledigen sucht. Der Schmerz ist die Negativität schlechthin. [...] Die Glücksmission der Positiven Psychologie und das Versprechen einer medikamentös herstellbaren Dauerwohlfühloase sind einander verschwistert. Die US-amerikanische Opioid-Krise hat paradigmatischen Charakter. An ihr ist nicht nur die materielle Gier einer Pharmafirma beteiligt. Ihr liegt vielmehr eine verhängnisvolle Annahme menschlicher Existenz zugrunde. Allein eine Dauerwohlfühl-Ideologie kann dazu führen, dass Medikamente, die ursprünglich in der Palliativmedizin eingesetzt wurden, im großen Stil auch an Gesunde verabreicht werden. Nicht zufällig bemerkte der US-amerikanische Schmerzexperte David B. Morris schon vor Jahrzehnten: 'Die

---

18 Vgl. zu den Grundgedanken dieses Essays meinen Aufsatz: „Don't look up?! Nachtschicht im eschatologischen Büro", Deutsches Pfarrerinnen- und Pfarrerblatt Jg. 124 (2024): 328-331.

heutigen Amerikaner gehören wahrscheinlich zur ersten Generation der Erde, die ein schmerzfreies Dasein als eine Art Verfassungsrecht ansieht. Schmerzen sind ein Skandal.'[19]

Don't look up?!

Wir sind zu einem Filmabend mit unseren erwachsenen Kindern eingeladen: „Don't Look Up". In der Ende 2021 auf Netflix veröffentlichten US-amerikanischen schwarzen Komödie erzählt Regisseur Adam McKay die apokalyptische Geschichte von der Zerstörung der Erde durch einen Kometen. Wissenschaftliche Warnungen und Berechnungen der Katastrophe durch die Doktorandin Kate (Jennifer Lawrence) und deren Professor (Leonardo DiCaprio) werden von der Präsidentin (Meryl Streep) ignoriert. Als die verzweifelten Wissenschaftler sich an die Medien wenden, wird „Don't look up" zum Motto der Verleugner und Verschwörer. „Schau nicht hinauf!"

Nach dem viel zu späten Einlenken der Regierung und dem gescheiterten Versuch, den Kometen abzulenken, kommt es zur Katastrophe. Hier zeigt der Film die für mich wichtigste Szene: In Erwartung des Kometeneinschlags kommen die Wissenschaftler*innen, die mit ihren Prognosen Recht behalten sollten, im kleinen Kreis gleichsam zum letzten Ma(h)l zusammen. Eine quasi-eucharistische Szene voller Wärme und voller Schmerz. Sie erzählen einander, wofür sie dankbar sind. Yule (Timothy Chalamet), ansonsten ziemlich verpeilter Gen-Z-Freund der Doktorandin Kate, weiß überraschenderweise als einziger, wie und was man beten könnte. Er tut es mit folgenden Worten:

---

19 B. Han, Palliativgesellschaft: Schmerz heute, Berlin 42022, 8-9.

Dearest Father and almighty Creator, we ask for your Grace to-
night, despite our Pride. Your Forgiveness, despite our Doubt.
Most of all, Lord, we ask for your Love to soothe us through these
dark times. May we face whatever is to come in your divine will
with courage and open hearts of acceptance. Amen.

Nach kurzer Pause fragt Professor Mindy (DiCaprio): „Didn't
we have it all?!" Bald danach wird die Leinwand schwarz – der
Komet trifft die Erde und löscht nahezu das gesamte Leben aus.
Mittlerweile sind auch die Chips-Tüten und Erdnuss-Schälchen
unserer gastgebenden Kinder leergefuttert. Eins ums andere Mal
hat sich für uns beim Zuschauen in die Momente kurzer Situati-
onskomik Trauer und Fassungslosigkeit gemischt. Der Film ist
eine aufwühlende Parabel auf den Klimawandel und dessen
Leugnung und über die Schwierigkeit, sich unbequemen
Wahrheiten zu stellen.

Die Krise des Einzelnen und der Kollaps oder: Seid nüchtern und wachet!

Beim Weg nach Hause fallen mir Szenen aus meinem Bera-
tungsalltag ein. Als Seelsorger in einer Krisen- und Lebensberatungsstelle beobachte ich in meinen Gesprächen immer wieder
die Wechselwirkung von globalen und individuellen Krisen.
Neben dem Phänomen des „ecological grief", der Umwelttrauer
angesichts der maßlosen Ausbeutung der Schöpfung, manchmal
manifestiert in einer handfesten Depression, sind auch Krän-
kungsphänomene und Angststörungen nicht losgelöst von den
großen Krisen unserer Zeit. Menschen in persönlichen Krisen
zu begleiten, heißt für mich darum auch, diese Wechselwirkungen wahrzunehmen. So wie es im Blick auf individuelle Krisen
heilsam ist, die eigene Endlichkeit in den Bick zu nehmen, so
scheint es mir auch für uns als Gesellschaft und als Kirche

heilsam, immer wieder das Ende in den Blick zu nehmen.[20] Zu Hause angekommen, fällt mein Blick auf das Titelthema einer Beratungs-Fachzeitschrift: „Kollaps – und dann?"[21] Ich kann nicht aufhören zu lesen. In gewisser Analogie zur Erforschung individueller Krisenfaktoren hat sich hier eine Metadisziplin entwickelt, die es sich zur Aufgabe macht,

den aus ihrer Sicht unvermeidlichen Kollaps möglichst genau zu berechnen. Die Kollapsologie versteht sich als Metadisziplin, die u.a. Erkenntnisse aus Agrarwissenschaften, Biologie, Mathematik, Demographie, Psychologie, Soziologie, Politik berücksichtigt und zusammenfasst. Sie arbeitet auf Basis zweier kognitiver Modelle: Vernunft und Intuition.[22]

Im Sinne einer „Schule der Verantwortlichkeit" gelte es, Lehren zu ziehen aus dem Untergang früherer Zivilisationen wie der Maya, Wikinger, Osterinsel im 18. Jh. oder auch der Sowjetunion. Drei der fünf historisch entscheidenden Faktoren für einen gesellschaftlichen Zusammenbruch seien auch heute schon erfüllt: Umweltzerstörung, Klimaveränderungen und soziopolitische Störungen – damit gemeint ist die Unfähigkeit der Gesellschaft und ihrer Eliten, auf massive Krisen / Katastrophen angemessen zu reagieren. Die Kollapsologie, wie sie von Pablo Servigne und Raphael Stevens beschrieben wird,[23] sieht die Welt so:

---

20 Vgl. dazu Kp. 4.2.

21 Journal Supervision: Inspirationsdienst der Deutschen Gesellschaft für Supervision und Coaching e.V. Köln, 1/2024.

22 H. Schulz, Die wichtigsten Positionen und Argumente der Denkrichtungen „Kollapsologie" und Deep Adaptation. Journal Supervision 1/2024, 17.

23 P. Servigne und R. Stevens, Wie alles zusammenbrechen kann. Handbuch der Kollapsologie, Wien 2021.

Egal welche Perspektive man wählt, um auf das System Erde zu schauen – ob z.B. ökologisch, ökonomisch, soziopolitisch – überall mehren sich die Krisen und Warnzeichen für eine große Katastrophe. Die Stichwortliste des Horrors umfasst: die Überschreitung von sechs der neun planetaren Grenzen, den außer Kontrolle geratenen Klimawandel, das Artensterben, Fluten, Extremwetter, Dürren, die Meer- und Luftverschmutzung, die verheerenden Praktiken der Produktion von Öl, Gas, Lebensmitteln, Finanz- und Währungskrisen, das anhaltende Weltbevölkerungswachstum, die weltweite soziale Ungleichheit, die Migration, die Krisen der Demokratie, des Rechtsstaats, der Sozialsysteme, die politische Radikalisierung, sich brutalisierende militärische Konflikte. Wie wir wohnen, wie wir arbeiten, wie wir uns ernähren, wie wir uns bewegen – fast alles, was wir tun, zerstört unseren Planeten. Der systemische Auslöser der vielen planetenbedrohenden Krisen ist ein Wirtschaftssystem, dessen wesentlicher Zweck die endlose Vermehrung von Geld/Kapital ist. Und das deshalb immer weiter ‚wachsen' muss.[24]

Zum Szenario gehört eine Kettenreaktion mit den möglichen Effekten einer Implosion des Energie- und Finanzsystems, bei den fossilen Energien ist der Zenit bereits überschritten, die Erschließung wird immer teurer, der Ertrag immer geringer. „Ohne verfügbare Energie kommt die Wirtschaft zum Erliegen, d.h.: keine industrielle Landwirtschaft mehr, keine schnellen Transportmittel, keine Zulieferketten, keine Kläranlagen, kein beheiztes Wohnen, auch kein Internet."[25]

Jim Bendell, der Erfinder des Konzepts einer „Deep Adaptation", einer Tiefenanpassung, formuliert als Reaktion auf diese

---

24 H. Schulz, a.a.O., 17.

25 A.a.O., 18.

Analyse einige unbequeme Wahrheiten, die zu einer existenziellen Umkehr auffordern: Wir müssen die Hoffnung auf die Fortsetzung unserer Lebensweise jetzt sofort aufgeben. Wir müssen das System stürzen, wo immer von Menschen verlangt wird, an der Planetenzerstörung teilzunehmen. Wir müssen unsere Beziehung zur Schöpfung neugestalten: nicht nur nachhaltig, sondern regenerativ handeln, das bedeutet: dem Planeten mehr geben als wir von ihm nehmen. Seine Tiefenanpassungsagenda enthält vier Leitlinien. Leitlinie eins ist die (lokale) Resilienz: lokale Kollektive müssen unterstützt und gestärkt werden. Leitlinie zwei ist Verzicht: bestimmte Vermögenswerte, Verhaltensweisen und Überzeugungen loslassen, v.a. im Blick auf das Konsumverhalten. Leitlinie drei ist Wiederherstellung/Ökologie: Landschaften renaturieren, nachbarschaftliche Beziehungen reanimieren. Leitlinie vier ist Versöhnung: Mit der Natur arbeiten statt gegen sie; das radikale Verbundensein erkennen und entsprechend leben.

Die Kollapsolog*innen und die Anhänger der Tiefenanpassung sind sicher: Die alten Wirtschafts- und Lebensweisen (müssen) sterben. Der Kollaps kommt. Er ist aber nicht das Ende – sondern der Neuanfang. Fragt sich nur, welcher Art. Es geht nun darum, den Übergang ins Danach zu gestalten. Den Kollaps ernst nehmen bedeutet demnach nicht, sich als Konservendosen- und Waffenprepper einzubunkern, sondern sich selbst als politisches Wesen zu erkennen. Die empfohlene Haltung ist dabei die des katastrophenklarsichtigen Pragmatismus: Verstehen, was vor sich geht – und politische Strategien der Resilienz und des Widerstands entwerfen.[26]

---

26 A.a.O., 19.

Zugegeben: auch diese Szenarien sind – wie der Film „Don't Look Up" – starker Tobak. Sie rauben mir den Schlaf.

Traumgesichte, Ein-Reden: Nächtliche Stimmen und Visionen

Ich nehme die Filmszenen und die Überlegungen der Kollapsologie mit in die Nacht. Es stellen sich unterschiedlichste Bilder und Stimmen ein. Ein Chor singt mit den Worten Johannes des Täufers: „Ändert Euch! Das Leben, das Ihr führt, hat doch kein Ziel! Ändert Euch! Viel zu viel steht auf dem Spiel!" Die Stimme des persischen Theologen Al Ghazali (1055–1111) mischt sich ein: „You posess only what cannot be lost in a shipwreck!" Und aus den USA höre ich den Franziskaner-Pater Richard Rohr sagen: „All we do is rearranging the deck chairs on the Titanic!" Im Halbschlaf sinne ich darüber nach: „Du sollst Dich nicht gewöhnen!" müsste ein 11. Gebot heißen. Und, weit nach Mitternacht, rumort auch diese bohrende Frage in mir: Welchen Sinn haben gut gemeinte Suizidpräventionsprogramme, für die weder Gelder noch Fachkräfte vorhanden sind, wenn es uns nicht gelingt, an den niederschlagenden Rahmenbedingungen etwas so zu verändern, dass junge Menschen selbst wieder Hoffnung und Mut zum Leben entwickeln? Auch in den kritischen Bereichen der Pflege, der Medizin, der psychosozialen Versorgung und der Schulbildung fallen mir Kollaps-Szenarien ein – so viele Fachkräfte können wir gar nicht ausbilden, um alle Nöte mit „Mehr vom Gleichen" zu bekämpfen. In meinen Wachträumen sehe ich Gott weinen über seine Erde. Jesaja ruft dazwischen (Jes 30, 15f): „Denn so spricht Gott der HERR, der Heilige Israels: Wenn ihr umkehrtet und stille bliebet, so würde euch geholfen; durch Stillesein und Vertrauen würdet ihr stark sein. Aber ihr habt nicht gewollt und spracht:»Nein, sondern auf Rossen wollen wir dahinfliegen«, – darum werdet ihr dahinfliehen,»und auf Rennpferden wollen wir reiten«, – darum werden euch eure

Verfolger überrennen." Nächtliche Gedanken, sie jagen wie im
Fiebertraum über mich hinweg. „Unsere Art zu leben" macht
uns krank. Die Schlaflosigkeit, unter der so viele leiden, könnte
ein wichtiges Signal sein, das es nicht zu betäuben, sondern zu
verstärken gilt: Was bringt dich um den Schlaf? Wieso laugen
wir uns selbst und unsere Welt so gnadenlos aus? Höchste Zeit,
sich geistlich, spirituell zu beunruhigen. Verlängerte Öffnungszeiten im eschatologischen Büro?

Sprechende Buchrücken im spärlich beleuchteten Arbeitszimmer

Beim nächtlich-unausgeschlafenen Blick auf mein Bücherregal
fallen mir einige meiner Lieblingsbücher auf. Die Bonhoeffer-
Sammlung weckt Erinnerungen an meine Studien zur Frage
nach einem religionslosen Christentum. Ein 80er-Jahre-Ta-
schenbuch von Jim Wallis, Bekehrung zum Leben: Nachfolge
im Atomzeitalter, lässt Bilder von einer Jugendfreizeit in Däne-
mark aufsteigen und in mir die Frage, wo diese radikale und revolutionäre Energie von damals hingegangen ist. Daneben
spricht Michael Trowitzschs Buch „Technokratie und Geist der
Zeit" zu mir: Nimm. Lies. Ich schlage das Buch von 1988 auf
und lese, was ich mir damals angestrichen habe. Über ein vermeintlich „grünes Wachstum" und den Hoffnungen auf technische Lösungen der Klima- und Ressourcenkrisen formulierte er
damals schon weitsichtig:

> Was sich unwiderstehlich, unverzichtbar, zwangsläufig gibt, hat
> sich furchtbarerweise zum Soteriologischen aufgeworfen. Als
> dringend zu überprüfen erweist sich die gängige Auskunft, die
> Technik sei Mittel und Werkzeug, dessen man sich in freier Ent-
> scheidung zum Guten oder zum Bösen bedienen kann, auf des-
> sen verantwortlichen Gebrauch alles ankommt, über dessen
> Verwendung in Ethik-Kommissionen per Expertise zu befinden,

das gesamtgesellschaftlich – durch Wertsetzung, durch Planung, durch das Ergreifen geeigneter Maßnahmen – zu regulieren ist… Das Stichwort ‚Technokratie' soll eine elementare und umfassende Herausforderung der Theologie bezeichnen. Es geht um mehr als um einen einzelnen Gegenstandsbereich christlicher Aktionen und Passionen. Vor den Risiken spezieller Techniken zu warnen ist vermutlich vergeblich, gleichwohl notwendig – genügt aber bei weitem nicht. Das zu Recht geforderte ‚Umdenken' könnte weitere Bereiche, tiefere Begründungszusammenhänge und zwingendere Selbstverständlichkeiten in Mitleidenschaft ziehen, als uns lieb ist.[27]

Es ist frappierend: Alles ist bereits gedacht worden, alles ist bereits entfaltet. Der schwäbische Dichter und Landwirt Christian Wagner hat schon 1906 unter dem Titel „Schonung alles Lebendigen" berührende Überlegungen zum Tierwohl, zum Militarismus und zur Fremdenfeindlichkeit angestellt, auch dieses schmale Büchlein in meinem Regal atmet den Geist eines erdverbundenen Einzelgängers, seiner Zeit weit voraus.[28] Es steht direkt neben den Büchern von Jörg Zink, dessen Faltblatt „Die letzten sieben Tage der Schöpfung"[29] aus den 70ern noch immer aktuell ist. Aus Kurt Martis Spätsätzen lese ich nochmals von der „Heiligen Vergänglichkeit", und daneben, untergemischt wie das Salz in der Suppe, Irvin Yaloms Bestseller „Denn alles ist vergänglich: Geschichten aus der Psychotherapie". Die Stimmen

---

27 M. Trowitzsch, Technokratie und Geist der Zeit: Beiträge zu einer theologischen Kritik, Tübingen 1988, 3.

28 Vgl. dazu z.B. schon C. Wagner, Schonung alles Lebendigen: Schriften aus dem Alltag 1901-1915, (Warmbronner Schriften 27), Warmbronn 2014.

29 Weiterhin zugänglich auf: https://www.joerg-zink.de/die-letzten-sieben-tage-der-schoepfung/, abgerufen am 26.04.2024.

sind nicht mehr zu überhören. Im Angesicht eigener Endlichkeit und der Begrenztheit aller „Dinge", die mich umgeben, angesichts der anhaltenden Ausnutzung, die der Mensch über seine Mitwelt bringt und nicht aufhört, geht mir das radikale, revolutionäre „Ändert Euch!" des Täufers nicht mehr aus dem Sinn.

Innehalten, Aushalten, Umkehren: Im Morgengrauen

Mit einer starken Tasse Kaffee setze ich mich in die Küche. Nicht der schlechteste Ort für das Gespräch, auch mit mir selbst. Es scheint – fast in klösterlicher Manier – notwendig, in gewisser Abkehr von der Öffentlichkeit und im Rückzug damit anzufangen, einfach(er) zu leben, Verzicht einzuüben, das Aufhören zu probieren. Wie wäre das, in unseren Kirchen ein Jahr des Fastens und Schweigens auszurufen angesichts der dramatischen Krisen und Abbrüche? Ein Jahr lang keine (oder zumindest mal Sieben Wochen Ohne)[30] Verlautbarungen, keine Stellungnahmen, keine innovativen[31] Projekte? Das könnte beinhalten:

---

30 Vgl. O. Parodi, „Entschleunigung, Einkehr, Selbstreflexion", ein Projekt am Karlsruher Transformationszentrums für Nachhaltigkeit und Kulturwandel KAT, mit der Verabredung, sich alle 6-7 Wochen in einer „Fokuswoche" Zeit für vertiefte und konzentrierte Arbeit zu nehmen, möglichst ohne Ablenkung und Meetings, https://www.transformationszentrum.org/news_selbstversuch-entschleunigung.php, abgerufen am 26.04.2024.

31 Vgl. dazu auch H. Welzer, Nachruf auf mich selbst: Die Kultur des Aufhörens, Frankfurt 2021, 27: „Dass gegenwärtig der Begriff der Innovation den des Fortschritts ersetzt zu haben scheint, ist kein Zufall: denn die Innovation braucht keine normative Referenz, sie ist ja schon erreicht, wenn etwas neuer ist als etwas anderes, unabhängig von der Frage, ob es überhaupt der Erneuerung bedurfte. Wir haben leider keine Methodik des Aufhörens, weil es dem magischen Denken unserer gegenwärtigen Sinnwelt nach ja immer weitergeht und Endlichkeitsprobleme systematisch nicht existieren."

Hohn, Verspottung, Kopfschütteln, Kritik. Spirituell gesprochen umfasst das auch die Dimension des Martyriums, der Glaubenszeugnisses, das mich etwas kosten wird. Die vorrangige Option für die Armen, das Loslassen von vermeintlichen Standards, der Verzicht auf Konsum in den Bereichen Mobilität, Ernährung, private Besitztümer könnte eine Form heilsam entlastender und entschleunigender Umkehr sein. Im Blick auf die kommenden Generationen[32] halte ich alle Initiativen, die hier den Blick weiten und das „Weiter so" unterbrechen, für verheißungsvoll, für heilsam an Leib und Seele. Repair-Cafés, Urban Gardening, Tauschzirkel, Solidarische Landwirtschaft, Permakultur Initiativen, Car-Sharing, sind genauso wichtig wie die kontemplativen Projekte einer „Woche der Stille" oder die Stärkung von Einkehr- und Meditationszentren wie das von Franziskaner-Pater Richard Rohr gegründete „Center for Action and Contemplation" in Albuquerque oder der Benediktushof bei Würzburg. Vielleicht sind diese Orte Modelle für uns Christen: Orte des Innehaltens, an denen der Schmerz und dann, aber erst dann auch der Trost ihren Platz haben. Die jährlich fast 3.000 Gespräche in unserer Krisenberatungsstelle sind für mich auch solche Räume, wo der Schmerz und die Tränen ausgehalten werden, damit Menschen in einer sie überfordernden Zeit zur Besinnung kommen können. Wie im Film „Don't Look Up" könnten Bilder wie das der endzeitlichen Mahlgemeinschaft zum eschatologischen Symbol werden für ein Christentum, das im Schmerz zusammensteht und sich in der Ohnmacht nicht weg duckt. Und vielleicht würde ein „Revolutionäres Christentum" (Jürgen Manemann)[33] nach dem Durchgang durch den

---

32 Der Verfasser dieser Zeilen hat selbst zwei erwachsene Söhne – und dankt ihnen für Austausch, Inspiration und Aktion im Blick auf diese Themenfelder!

33 Vgl. J. Manemann, Revolutionäres Christentum: ein Plädoyer, Bielefeld 2022.

Schmerz auch die Sprengkraft der biblischen Zeugnisse neu auf-
greifen und den Glauben mitten im Leben widerständig veror-
ten.

Noch nicht zu Ende gedacht: Das Aufhören, das Unterbrechen

Am Ende kein Anfang. Kein: hier ist die Chance mitten in der
Krise. Am Ende ein Ende. Aushalten. Im Schmerz bleiben. Keine Lösungsorientierung. Im Schmerz die Liebe spüren. Aus
Traum und Tränen sind wir gemacht, schrieb Lothar Zenetti.
Komm, Heiliger Geist, und beunruhige Deine ganze Christen-
heit! Und fange bei mir an. Die Unterbrechung des Alltags
durch den Sabbat-Gedanken, das Aufhören, scheint mir wichtiger denn je.[34] Die kürzeste Definition von Religion: Unterbrechung (J.B. Metz). Vielleicht, so denke ich vorläufig, sind wir als
Christen inmitten der nicht unwahrscheinlichen Kollaps-Szenarien mehr denn je herausgefordert, weniger zu reden, weniger
zu publizieren (ja, wie ironisch, dass ich das hier schreibe), weniger darauf zu achten, ob und wie wir als Christen, als Kirche in
der Öffentlichkeit wahrgenommen werden. Und mehr zu leben,
zu tun, zu praktizieren, was zur Umkehr anleitet. „Wir bräuch-
ten ein Kulturmodell, in dem die Schönheit des Aufhörens den
Stellenwert bekommt, der für die Fortsetzung des zivilisatori-
schen Projekts notwendig ist. Die Verbesserung, gar Optimierung von Prozessen, die in die falsche Richtung laufen,

---

34 Vgl. A. J. Heschel, Der Sabbat: Seine Bedeutung für den heutigen Menschen,
   Neukirchen-Vluyn 1990. Eine weitere Frage wäre, welche Inspiration wir aus
   historischen Vorbildern im Zusammenhang von „Unterbrechung" gewinnen
   könnten, z.b. Luthers Predigtstreik (1530) oder das „Bed-In" von John Len-
   non und Yoko Ono (1969).

verschlimmert alles. Aufhören tut not, man muss es als menschliche Kulturtechnik wieder lernen."[35]

In den Gesprächen unserer Krisenberatungsstelle wird mir Tag für Tag deutlich, dass depressive, hochsensible oder verängstigte Menschen in ihren seelischen Krisen einen hohen Preis bezahlen für „unsere Art zu leben". Charles Eisenstein ist zuzustimmen, wenn er sagt: „Das soziale Klima, das Beziehungsklima, das psychische Klima und das globale Klima sind untrennbar."[36] Es geht längst nicht mehr nur um Fragen des Klimas, es geht um Arbeits- und Informationsverdichtung, um Selbstoptimierung, um Mediennutzung und den Verlust an haltgebenden Strukturen, auch in unseren Kirchen. Ob und wie es uns gelingt, in unseren Kirchen gemeinsam einen neuen enkeltauglichen Lebensstil zu entwickeln? Ob wir an den richtigen Stellen in Kontakt sind mit denen, die „unterm Rad" sind? Ich bin mir da nicht sicher… Aber vielleicht wäre es doch weise, zwischenzeitlich erweiterte Öffnungszeiten im eschatologischen Büro zu erproben.[37]

---

35 H. Welzer, Nachruf auf mich selbst, Frankfurt 2021, 144. Vgl. dazu auch: B. Han, Vita contemplativa oder von der Untätigkeit, Berlin 2022.

36 Ch. Eisenstein, Wut, Mut, Liebe: Politischer Aktivismus und die echte Rebellion, München 2020, 60.

37 Vgl. dazu, ausgehend von Ernst Troeltschs legendärem Zitat, das eschatologische Bureau sei heutzutage zumeist geschlossen, den klugen Artikel von U. Engel OP (2013), „Verantwortet handeln im Horizont der befristeten Zeit", https://www.feinschwarz.net/verantwortet-handeln-im-horizont-der-befristeten-zeit/, abgerufen am 26.04.2024: „Die Zeit, die bis zum Ende noch bleibt, gilt es zu nutzen. Sie ist ‚Heute' und ‚Jetzt'. In diesem Heute und Jetzt fallen alle drei zusammen: Geschichte, Gegenwart und „die Zeit, die bleibt". Dieses Ineinsfallen der drei Zeiten nannte Walter Benjamin „Jetztzeit". Sie, die Jetztzeit, verleiht dem Leben – vor allem dem geschundenen – erst Qualität."

4.3 Aufhören und Umkehren

Der Fortschrittsglaube beherrscht als unterschwellige Ideologie unser gesamtes Denken, Handeln und Fühlen. Dabei geht es gar nicht in erster Linie um ökonomischen, technologischen oder wissenschaftlichen Fortschritt – es geht im Kern um eine generelle Erwartung des „Immer-Weiter-So". Der Essay versucht, ausgehend von Harald Welzers Suche nach einer Kultur des Aufhörens, in der jüdisch-christlichen Tradition Spuren einer Theologie des Aufhörens zu finden. Dabei werden die Grundideen des Sabbats, des Fastens und der Zwölf-Schritte-Gruppen aufgenommen, um diese für die Frage nach dem "Aufhören" fruchtbar zu machen. Solches Aufhören könnte dabei in eine gewisse inhaltliche Nähe zur biblischen Rede von der „Umkehr" rücken.[38]

Ein Weckruf der politischen Theologie (Johann Baptist Metz)

Die Krise (oder die Krankheit) des kirchlichen Lebens […] besteht nicht nur darin, dass diese Umkehr nicht oder zu wenig stattfindet, sondern dass das Ausbleiben der Umkehr der Herzen unter dem Schein eines nur geglaubten Glaubens auch noch verschleiert wird. Kehren wir Christen in diesem Lande um, oder glauben wir lediglich an die Umkehr und bleiben unter dem Deckmantel der geglaubten Umkehr die alten? Folgen wir nach, oder glauben wir nur an die Nachfolge und gehen dann unter

---

38 Teile dieses Essays wurden zuerst abgedruckt unter dem Titel: „Aufhören: Eine theologische Spurensuche", Deutsches Pfarrerinnen- und Pfarrerblatt Jg. 125 (2025): 5-8.

dem Deckmantel der geglaubten Nachfolge die alten, immer gleichen Wege? Lieben wir, oder glauben wir an die Liebe und bleiben unter dem Deckmantel der geglaubten Liebe die alten Egoisten und Konformisten? Leiden wir mit, oder glauben wir nur an das Mitleiden und bleiben unter dem Deckmantel der geglaubten 'Sympathie' allemal die Apathischen? Denn theologisch ist ja gerade darauf zu achten, dass uns die Berufung auf die Gnade nicht zu jener Gnade gerät, die wir mit uns selbst haben.[39]

Aufhören und Umkehren

Beim erzwungenen Warten auf einen verspäteten Anschluss stöbere ich in der Bahnhofsbuchhandlung. Der Titel eines Buches spricht mich an: „Nachruf auf mich selbst: Die Kultur des Aufhörens". Harald Welzer entfaltet darin, offensichtlich unter dem Eindruck eines erlittenen Herzinfarkts die Endlichkeit ins Auge fassend, seine These: Wir haben keine Methodik und keine Kultur des Aufhörens. Deshalb bauen wir Autobahnen und Flughäfen für Zukünfte, in denen es keine Autos und Flughäfen mehr geben wird. Und wir versuchen, unsere Zukunftsprobleme durch Optimierung zu lösen, obwohl ein optimiertes Falsches immer noch falsch ist. Damit verbauen wir uns viele Möglichkeiten, das Leben durch Weglassen und Aufhören besser zu machen. Diese Kultur hat den Tod genauso zur Privatangelegenheit gemacht, wie sie die Begrenztheit der Erde verbissen ignoriert. Welzer, Honorarprofessor für Transformationsdesign (Flensburg) und Direktor der Stiftung FUTURZWEI, illustriert

---

39 J. B. Metz, Jenseits bürgerlicher Religion, Mainz 1980, 11-12.

diese These mit wissenschaftlichen Befunden, psychologischen Einsichten und persönlichen Geschichten vom Aufhören:

> Das Ende und die Endlichkeit kommen nur unwissenschaftlich vor, in der Lebenserfahrung, in der Literatur oder in der Kunst. Und natürlich in der Religion und damit in der Apokalypse. […] Wir haben leider keine Methodik des Aufhörens, weil es dem magischen Denken unserer gegenwärtigen Sinnwelt nach ja immer weitergeht und Endlichkeitsprobleme systematisch nicht existieren. Weg-von-hier, das ist das Ziel. Weil wir keine Methodik des Aufhörens haben, hören wir auch nicht auf.[40]

Aufhören oder Weiter so?

Ich finde Welzers Überlegungen wichtig, auch wenn ich ihm in Sachen Religion nicht zustimmen kann. Von Aufhören können wir wohl reden, auch in unserer christlichen Religion. Ich kann aber verstehen, dass Welzer dies allein in die Apokalyptik verschiebt – die expliziten „Kulturtechniken des Aufhörens", die wir eigentlich in der christlichen Spiritualität kennen, scheinen wohl unter einer bisherigen „Theologie des Weiterso" verschüttet. Zu lange, vor allem in der zweiten Hälfte des 20. Jahrhunderts, haben christliche Theologien den Fokus auf das Wachsen, das Aufbrechen, das Anfangen und das Weiterso gelegt.[41] Der Modus einer vermeintlichen Segenstheologie, die über alles und jedes ausgeschüttet wird („Gott geht mit"), wird erst so langsam

---

40 H. Welzer, Nachruf auf mich selbst: Die Kultur des Aufhörens, Frankfurt 2021, 24-25.

41 Exemplarisch sei hier der Buchtitel des von W. Härle (2012) herausgegebenen Werkes genannt: „Wachsen gegen den Trend: Analysen von Gemeinden, mit denen es aufwärts geht".

als sinnentleerte Rede von Gott demaskiert.[42] In Zeiten von Über-Konsum, Über-Mobilität und Über-Forderung von Mensch und Natur scheinen die Rufe zum Innehalten und Aufhören bisher verstärkt aus anderen Ecken zu erklingen: auf der individuellen Ebene aus dem Feld der Psychologie[43], auf der gesellschaftlichen Ebene aus dem Feld der ökologischen Protestbewegungen[44], und schließlich auf der globalen Ebene durch das

---

42 Eine eigene Untersuchung wert wäre die Frage, mit welchem Recht in vielen Predigten immer wieder behauptet wird, Gott wolle, „dass unser Leben gelingt", Gott sage jedem zu, „dass Du einmalig bist" – treffend dazu: M. Manson (2016), The Subtle Art of Not Giving a Fuck: A Counterintuitive Approach to Living a Good Life, 43: „Pastors and ministers told their congregations that they were each uniquely special in God's eyes, and were destined to excel and not be average. [...] But it's a generation later and the data is in: we're not all exceptional."

43 Aktuelle Themen wie Achtsamkeitspraxis, Burnout-Prophylaxe und manche Formen von Rehabilitation sind wohl nicht ganz frei davon, Menschen wieder „voll fit" zu machen, um in das alte Hamsterrad zurückzukehren oder gar noch besser zu „performen". Manche Ratsuchende in unserer Krisenberatungsstelle deuten ihre Erfahrungen mit Reha-Maßnahmen und Kliniken im Rückblick so, dass alleiniges Ziel dort gewesen sei, sie wieder in den Arbeits- und Leistungsmodus zurückzuversetzen – und sprechen in ihrer Kränkung von „Gehirnwäsche".

44 Ich nenne hier exemplarisch Fridays for Future und die Letzte Generation. Aus philosophischer Perspektive pointiert: W. Reichart, Du lebst falsch – eine philosophische Provokation, Norderstedt 2023, 24: „Die Umweltkrise ist also nicht isoliert zu betrachten, sondern sie ist die überaus negative Folgeerscheinung der technisch-ökonomischen Globalisierung. In der Krise der Umwelt zeigt sich somit die Krise des modernen Menschen. Da dem so ist, greift jedwede Kosmetik seines Lebensstils zu kurz. Es ist ein prinzipielles Umdenken gefordert."

Durchspielen von Krisen- und Kollapsszenarien.[45] Aufhören – welchen Beitrag könnte die christliche Religion und Frömmigkeit hier leisten?[46] Ich will mich hier auf Spurensuche begeben, ohne das Thema umfassend beleuchten zu können. Am Ende träume ich von einer Kirche, die sich selbst im Aufhören einübt und der überdrehten und überhitzten Welt damit ein Beispiel und Zeugnis (griechisch: martyria) davon gibt, wie Aufhören heilsam ist für Leib, Seele und Geist, für Menschen, Tiere, Pflanzen, für Kommunikation, Interaktion, Kontemplation. Diese Haltung erfordert den Mut, der Endlichkeit ins Auge zu blicken und auszuhalten, dass wir damit auch einigen Gegenwind ernten werden und vieles Liebgewordene loslassen müssen. Aber das müssen wir so oder so.

Eine erste Spur: Der Sabbat

„Die kürzeste Definition von Religion ist Unterbrechung" (J.B. Metz). Seit ich vor vielen Jahren in Israel den Sabbat miterleben durfte, lässt mich dieser Gedanke nicht mehr los: Wir brauchen Theologien des Aufhörens! Der Sabbat, der „Aufhör"-Tag,

---

45 Vgl. zur sog. Kollapsologie Kp. 4.2. Ähnlich T. Müller, Zwischen friedlicher Sabotage und Kollaps: Wie ich lernte, die Zukunft wieder zu lieben, Wien 2024. Müller entwickelt den – der Sache nach an Apg 2, 42-47 erinnernden – Gedanken einer „solidarischen Kollapsgemeinschaft" (a.a.O., 219), welche angesichts realistischer Kollaps-Szenarien nur im Durchgang durch die notwendige emotionale Trauerarbeit entstehen könne. Diese Trauerarbeit, so Müller, müsse und könne vor allem von den Kirchen und religiösen Organisationen initiiert und moderiert werden (vgl. a.a.O., 114).

46 Vgl. dazu auch: K. Karl, „Scheitern und Aufhören als spirituelle Herausforderung und Ressource", Lebendige Seelsorge Jg. 70 (2/2019): 88-92. Karl akzentuiert allerdings anders, wenn sie das Aufhören als „spirituelle Ressource" bezeichnet; ich gehe im Folgenden einen anderen Weg.

könnte ein möglicher Ausgangspunkt sein für die Wiederentdeckung einer Theologie des Aufhörens, die zumindest das Unterbrechen einübt und damit zugleich jenes große Aufhören mit-
denkt, dass einem jeden Menschen am Ende des Lebens bevor-
steht. Anders als Harald Welzer, der eine „Methodik des Aufhörens" einfordert, gehe ich davon aus, dass es vielmehr eine Haltung braucht, die Aufhören – auch rhythmisiert und ritualisiert
– ermöglicht. In Verkündigung und Praxis kirchlichen Lebens
würde eine *relecture* der biblischen Texte und Traditionen im
Horizont der Endlichkeit und des Aufhörens dazu beitragen, sowohl im individuellen Erleben als auch im Blick auf gesellschaftliche und kirchliche Erschöpfungsphänomene zu notwendigen
Ruhepausen zu kommen. Im Sinne des Sabbat-Gebots (Dtn 5,
13-14) ist das Aufhören umfassend zu verstehen und umschließt
Mensch und Tier, Familie und Fremde. Dazu schrieb der ameri-
kanische Religionsphilosoph Abraham Joshua Heschel (1907-
1972) weitsichtig bereits im Jahr 1981:

> Am Sabbat leben wir sozusagen unabhängig von der techni-
> schen Zivilisation: Wir enthalten uns vor allem jeglicher Aktivi-
> tät, die darauf abzielt, die Dinge des Raumes zu erneuern und zu
> ordnen. [...] Der siebte Tag ist der Waffenstillstand im grausa-
> men Existenzkampf des Menschen, ein Waffenstillstand in allen
> persönlichen und sozialen Konflikten, Friede zwischen Mensch
> und Mensch, Mensch und Natur, Friede im Menschen; ein Tag, an
> dem der Umgang mit Geld als Entweihung gilt, an dem der
> Mensch seine Unabhängigkeit bestätigt von dem, was der obers-
> te Götze der Welt ist.[47]

---

47 A. J. Heschel (1990), Der Sabbat: Seine Bedeutung für den heutigen Menschen, Neukirchen-Vluyn 1990, 23-24.

Jürgen Moltmann war es, der bereits in den 90er Jahren darauf aufbauend die (utopische?) Idee geäußert hat, neben dem Sonntag als Ruhetag in den christlich geprägten Ländern den Samstag als Ruhetag für die Schöpfung einzuführen, einschließlich dem Stillstand in den Fabriken und im Bereich der Mobilität. Wo sind die Stimmen in Theologie und Kirchen, die solche Gedanken mitdenken, ins Spiel bringen? Wo könnten wir das exemplarisch leben, ohne es den anderen nur zu predigen?

Zwischenspiel: Ein lebensverändernder Postkartenspruch

In unserer ökumenischen Krisenberatungsstelle begleite ich eine Frau, die seit längerem mit einer wichtigen beruflichen Entscheidung ringt. Neben Zielkonflikten aufgrund sehr unterschiedlicher Wertvorstellungen geht es auch um Priorisierungen im Blick auf Geld und Lebensstil. Nach vielen Terminen bringt sie mir eines Tages eine Postkarte mit. In großen Lettern steht da: „Du musst Dein Ändern leben!" Sie strahlt und sagt: „Ich habe mich entschieden." Und sie erzählt von der Klarheit, die darin besteht, nicht länger zu rennen und zu machen und zu funktionieren. Sie wird aufhören, sie wird einen anderen Weg gehen und dabei viel mehr auf Pausen und Freiräume achten. „Was werden Sie jetzt als Nächstes tun?" frage ich sie. „Nichts", sagt sie lachend, „ich werde mein Ändern leben! Ich werde mit so vielem Aufhören – und das fühlt sich sehr gut an!" Und dann erzählt sie davon, wie sie in ihrer täglichen Morgenmeditation das „Gelassenheitsgebet"[48] meditiert und daneben den Satz „Du musst Dein Ändern leben."

---

48 Besucherinnen und Besuchern unserer Krisenberatungsstelle gebe ich manchmal eine Postkarte mit dem Text mit, der auf Englisch so lautet: „God, give us the courage to change, what must be altered, serenity to accept what cannot be helped, and the insight to know the one from the other."

Eine zweite Spur: Stille, Einkehr, Fasten

Jede noch so kurze Stille ist ein Aufhören. Mir kommt der *eremos topos* aus Mk 1, 35 in den Sinn, wenn Jesus sich an einen einsamen Ort zurückzieht und die Stille und das Gebet sucht. Aber auch die Grabesstille am Karsamstag. Ich nehme ein sehr altes Büchlein in die Hände, das mir ein Emeritus einmal mit einer liebevollen Widmung geschenkt hat, ein „Neutestamentliches Wörterbuch", und lese unter dem Stichwort „Fasten":

Fasten heißt: sich ganz oder teilweise der Speise enthalten. Das ist eine Vorbedingung für jede große geistige Konzentration. Der Fastende denkt klarer und gesammelter als der Satte. Bei den großen entscheidenden Gebetsanliegen geht es darum im NT ohne Fasten nicht ab.[49]

Eine Kollegin meinte neulich sehr nachdenklich: „Ist das nicht das Drama unserer Tage – die Sattheit, die Herzensverfettung auch unter uns Christen? Sind wir nicht alle eigentlich wie Abhängige: Süchtig in so vielen Bereichen?" Ich lasse den Gedanken zu und entdecke Sätze wie diesen: Kirche habe mittelgradiges Burnout.[50] Im Sinne einer Erschöpfungsdepression empfehlen Psychiater und TherapeutInnen zwei Dinge: mehr Licht (von oben) und mehr Bewegung (von unten) – auch für die Kirchen eine Idee. Aber wie geht es mit dem Nicht-Aufhören-Können weiter? Was tun mit einer suchtkranken Kirche? Anselm Grün weist in einem Interview darauf hin, wie Fasten und

---

49 R. Luther, Neutestamentliches Wörterbuch: Eine Einführung in Sprache und Sinn des urchristlichen Schrifttums, Berlin 1932.

50 Vgl. S. Heinemann / R. Wirth, „Haben wir Burnout? Ein anderer Blick auf den Erschöpfungsgrad der Kirche", Deutsches Pfarrerinnen- und Pfarrerblatt Jg. 124 (2024): 500-504.

Verzichten als eine „Kunst der Unterscheidung" zu innerer Zufriedenheit führen: „Statt von anderen zu fordern, dass sie mit dem zufrieden sein sollen, was sie haben, sollten wir es selber vorleben. Und wir sollten zeigen, wie der richtige Umgang mit Begierden uns zufrieden und glücklich macht."[51]

Eine dritte Spur: Die Zwölf-Schritte-Gruppen

Ein Besucher unserer Krisenberatungsstelle, der immer wieder zu Gesprächen vorbeikommt, um über seine Suchterkrankung[52] zu sprechen, weist mich auf seine Erfahrungen mit einer Selbsthilfegruppe hin. Ausgehend von der erlebten Hilflosigkeit angesichts der eigenen Suchterkrankung machen sich Menschen in den Zwölf-Schritte-Gruppen (u.a. die „Anonymen Alkoholi-

---

51 „Die Kunst der Unterscheidung: Vom Weg zur inneren Zufriedenheit." Anselm Grün im Gespräch mit Rudolf Walter, einfach leben Nr. 9 (Thema Wann ist genug? Sein Maß finden, zufrieden zu sein) Freiburg 2024, 21.

52 Immer noch treffend in diesem Zusammenhang: E. Schiffer (1993), Warum Huckleberry Finn nicht süchtig wurde: Anstiftung gegen Sucht und Selbstzerstörung bei Kindern und Jugendlichen. Zum Nicht-Aufhören-Können schreibt er: „‚Weitermachen trotz Selbstzerstörung', diese Devise gilt sowohl für Alkohol- und Drogensucht als auch für Fress- und Magersucht, gleichfalls auch für das Auffressen unseres Planeten. Wir machen weiter, obgleich wir wissen, was wir anrichten. Unser Verhalten ist heutzutage umfassend süchtig." Seine Präventionsgedanken, die den rapiden Anstieg der ADHS- und Autismus-Diagnosen vorwegnehmen, weisen in die Zukunft: „Grund genug, um das Augenmerk auf etwas anderes zu richten als auf immer weitere Forderungen nach immer mehr Therapie, das heißt ‚Folgereparaturen', deren Notwendigkeit aus einer zerstörten Welt der Kindheit resultiert. Eben diese Welt gilt es zu beeinflussen, damit nicht immer wieder die Zerstörung in einem Kreislauf der Verinnerlichung weitergegeben wird und zu neuer Zerstörung der Innen- und Außenwelt führt" (10f).

ker") gemeinsam auf einen Weg, indem sie sich gegenseitig darin unterstützen, mit dem Alkoholkonsum aufzuhören. Das Erleben und Eingestehen der eigenen Ohnmacht bilden dabei einen wesentlichen Baustein. In diesem Programm entdecke ich das Aufhören, das einen Weg aus dem Nicht-Aufhören-Können andeutet. Schritt 3 der zwölf Schritte lautet: „Wir fassten den Entschluss, unseren Willen und unser Leben der Sorge Gottes – wie wir Ihn verstanden – anzuvertrauen." In seinem Buch „Zwölf Schritte der Heilung: Gesundheit und Spiritualität" schreibt Richard Rohr dazu:

> Die grundlegende Übergabe unseres Willens steht vor und über jedem Glaubenssystem. Tatsächlich würde ich sagen, die weitgehende Wirkungslosigkeit und Langeweile der Religion folgt aus der Tatsache, dass es selten zu einer konkreten Entscheidung kommt, ‚unser Leben der Sorge Gottes anzuvertrauen', nicht einmal bei vielen Menschen, die zur Kirche, in einen Tempel oder eine Moschee gehen. Ich bewege mich mein Leben lang in religiösen Kreisen, und was ich sehe, ist blindwütiger Eigenwille: in Klöstern, Ordensgemeinschaften, Pfarrbüros, unter Priestern und Prälaten, ganz normalen Gemeindegliedern und bei Gottesdiensten. Tatsächlich gibt es in den meisten kirchlichen Kreisen nicht mehr Menschen, die ihren Willen tatsächlich Gott übergeben haben, als sonst irgendwo bei ‚säkularen' Versammlungen. Es ist wirklich ziemlich enttäuschend, dass wir alle so erfolgreich dabei sind, den wichtigsten Punkt zu verpassen.[53]

---

53 R. Rohr, Zwölf Schritte der Heilung: Gesundheit und Spiritualität, München 2011, 51. Rohr hat das Zwölf-Schritte-Programm der Selbsthilfegruppen als den vielleicht bedeutendsten Beitrag bezeichnet, den das westliche Christentum im 20. Jahrhundert in puncto Spiritualität je hervorgebracht hat.

Tatsächlich scheint mir das entscheidend: Dass wir damit aufhören, uns aus uns selbst heraus zu definieren.[54] Ein Pfarrkollege beschreibt selbstkritisch, wie er sich selbst in seiner Kirche erlebt: „Ich glaube, wir sind so konditioniert, wir müssen, wir können nicht anders, wir sehen das neue Land der Ruhe nicht, weil wir in dem Abwärtsstrudel liefern müssen, wir müssen in der Kirche VERSORGEN und können es nicht lassen…" Vielleicht wäre das ein weiterer Zugang zum Aufhören: in der Praxis einer heilsamen Spiritualität jeden Tag aufs Neue „unseren Willen und unser Leben der Sorge Gottes – wie wir Ihn verstanden – anzuvertrauen."

Ein Traum von einer Kirche, die aufhört

Ich träume immer noch. Von einer Kirche, die mir Raum gibt zum Aufhören, am Sonntagmorgen und auch sonst. Stilles Gebet und gemeinsames Schweigen. Eine offene Kirche, in der ich eine Kerze anzünden kann. Eine schweigende Kirche, die nicht zu allem und jedem etwas zu sagen hat. Eine sich verweigernde Kirche, die Salz und Licht ist dadurch, dass sie den Mut hat aufzuhören. Die Menschen ermutigt, aus dem Hamsterrad auszusteigen. Die nicht mitmacht im Höher-Schneller-Weiter. Wie das geht? Vielleicht mit „heiterer Resignation" (Kurt Marti)[55] angesichts einer überdrehten Welt. Sicherlich mit viel Humor. Mit offenen Herzen und Ohren für jene, die aufhören wollen und

---

54 Ähnlich argumentiert aus philosophischer Perspektive B. Han, Vita contemplativa oder Von der Untätigkeit: Eine Kritik an unserer Leistungsgesellschaft, Berlin 2022, 107: „Im Zeitalter permanenter narzisstischer Selbst-Produktion und Selbst-Inszenierung verliert die Religion ihr Fundament, denn die Selbstlosigkeit ist konstitutiv für die religiöse Erfahrung. Die Selbstproduktion ist schädlicher für die Religion als der Atheismus."

55 K. Marti, Heilige Vergänglichkeit: Spätsätze, Stuttgart 2010, 33.

nicht mehr können. Ohne das Innehalten wird es nicht gehen. Das Innehalten ist die spirituelle Form des Aufhörens.[56] Es ist das Verdienst der Hospizbewegung, dieses Innehalten angesichts des bevorstehenden Todes eines Menschen immer wieder einzuüben und uns alle daran zu erinnern, dass wir endlich sind. Diese Idee der Integration von Sterben und Tod ins Leben scheint mir ein wichtiger Ansatzpunkt der Hospizbewegung, den wir in Kirche und Gesellschaft weiter wachhalten sollten.

Auf der Suche nach theologischen Akzentverschiebungen

In Theologie und Kirche ist, wenn nicht eine Umkehr, so doch zumindest eine Akzentverschiebung dringend geboten. Sie scheint sich teilweise schon zu vollziehen: „Das Gericht fängt am Hause Gottes an" (1 Petr 4, 17). In der Auslegung unserer biblischen Texte ist neben dem Akzent des Aufhörens auch die Frage nach der Umkehr neu zu hören, wie sie bei Amos (Am 5) oder Jesaja gestellt wird (Jes 58), ausgehend von Mk 1, 15: „Tut Buße und glaubt an das Evangelium!" Die Kirchengeschichte wäre zu befragen, welche (auch ökumenischen) Bewegungen im Laufe der Jahrhunderte sich aus den Fesseln ihres jeweiligen Zeitgeistes durch ein bewusstes Aufhören befreien konnten. Systematisch-theologisch gilt es, mit der Barmer Theologischen Erklärung neben dem Zuspruch auch den Anspruch Gottes an unser Leben zu hören, neben dem Ja auch das Nein, in der lutherischen Tradition gesprochen, die Spannung von Gesetz und

---

56 Vgl. dazu ausführlich M. Gronemeyer, Genug ist genug: Über die Kunst des Aufhörens, 2008, Darmstadt, 14-18, die anhand einer Darstellung aus dem 6. Jahrhundert „Abraham empfängt die Verheißung" sehr schön zeigt, wie „Aufhören" und „Hören auf Gott" sich wechselseitig bedingen. Auch bei ihr die Diagnose: „Wir leben in einer Gesellschaft, die nicht aufhören kann" (a.a.O., 162).

Evangelium. Auch für die theologische Ethik höchst herausfordernd: Das Aufhören und Umkehren wäre durchzubuchstabieren mit Menschen aus den Kliniken und der Pflege, mit Mitarbeitenden aus den psychosozialen Hilfesystemen und den Behörden, mit Verantwortlichen aus Handwerk und Unternehmen – immer mit der neugierigen Frage, wie wir angesichts von Fachkräftemangel und Geldnot „anders handeln" könnten.

Auf der Suche nach weiteren Verbündeten

Ermutigend finde ich, dass diese Fragestellungen rund um das Aufhören immer deutlicher an unterschiedlichsten Stellen auftauchen. In der Auseinandersetzung mit Ansätzen der Praktischen Philosophie könnte eine Theologie des Aufhörens (wieder-)entdecken, was aus theologischer Perspektive zum Aufhören zu sagen und zu fragen ist. So entfaltet der Heidelberger Philosoph Wilhelm Reichart in seinem Essay „Du lebst falsch! Eine philosophische Provokation"[57] in einem beeindruckenden „Umweltschutz-Brevier" auf wenigen Seiten das Aufhören und Umkehren an den Praxisfeldern Ernährung, Mobilität, Wohnen und Konsum. Biblisch-theologisch scheint mir das sehr nahe an dem, was der prophetische Ruf zur Umkehr beinhaltet – ein Thema, das viel zu lange in seiner heilsegoistischen Spielart dem Evangelikalismus überlassen war. Ich stelle mir vor, dass es weitere Vordenker wie Harald Welzer oder Wilhelm Reichart gibt, die uns in Theologie und Kirche dazu anregen, über das Aufhören und das Umkehren nachzudenken – und es dann auch in „gemischten Allianzen" zu praktizieren. Ob uns die Warnung Jesajas zu

---

57 Vgl. W. Reichart, Du lebst falsch: Eine philosophische Provokation, Norderstedt 2023, 31-35. Als philosophischer Provokateur stellt er konsequent die Frage nach dem richtigen Leben und folgert: „Sich selbst nachdenken führt in den existentiellen Zweifel. Es nicht zu tun, resigniert vor ihm" (a.a.O., 20).

einer lebensstilverändernden Umkehr helfen könnte? „Denn so spricht Gott der Herr, der Heilige Israels: Wenn ihr umkehrtet und stille bliebet, so würde euch geholfen; durch Stillesein und Vertrauen würdet ihr stark sein. Aber ihr habt nicht gewollt" (Jes 30,15).

5 Konturen kirchlicher Krisenberatung

Im diesem vorletzten Kapitel versuche ich, ausgehend von konkreten Erfahrungen vor Ort Konturen kirchlicher Krisenberatung aufzuzeigen, wie sie sich aus der Arbeit einer Offene Tür-Stelle abzeichnen. Aus den vorliegenden Texten und Essays wurde deutlich, dass die Erfahrungen nicht per se auf andere Stellen und Strukturen zu übertragen sind – dennoch erscheint es mir wichtig, auf die Bedeutung genau dieser Arbeit im Kontext kirchlicher Krisenberatung hinzuweisen. In einem ersten Abschnitt wird im Folgenden die Offene Tür-Arbeit als Baustein einer krisenfesten Gesellschaft beschrieben, bevor dann in einem zweiten Abschnitt die seelsorglich-beraterische Grundkonzeption am Beispiel der Karlsruher Krisenberatungsstelle vorgestellt wird. Der dritte Abschnitt dieses Kapitels versucht theologisch auszuloten, inwiefern kirchliche Krisenberatung wie alle Werke und Dienste der Kirchen einerseits und gemeindliche Präsenzen andererseits aufeinander angewiesen sind und sich gegenseitig wechselweise organisch ergänzen.

5.1 Offene Tür-Stellen als Bausteine einer krisenfesten Gesellschaft

Im Folgenden wird in acht Schritten die Bedeutung der Offene Tür-Stellen als kirchliche Bausteine für eine krisenfeste Gesellschaft erläutert. Dabei wird dieses Angebot der Krisenseelsorge und Krisenberatung als unverzichtbarer Bestandteil kirchlicher und am Gemeinwesen orientierter Arbeit verstanden. Dieser Dienst geschieht in präventiver, kurativer und palliativer Weise und sollte in keiner größeren Region einer Landeskirche fehlen.

Fluide Formen und responsive Strukturen
(Philipp Ehlhaus)

Mit den Diensten, Werken und Einrichtungen hat die evangelische Kirche Organisationsformen herausgebildet, die auftretende Lücken der klassischen Ortsgemeinde im Zuge gesellschaftlicher Transformationsprozesse kompensierten. Dienste, Werke und Einrichtungen übernehmen unterschiedliche Aufgaben – sowohl nach innen im Bereich der kirchlichen Organisation (Dienstleistung und Professionalisierung) als auch nach außen im Blick auf Präsenz und Dialog an nichtkirchlichen Orten und Schnittstellen mit (zivil)gesellschaftlichen Feldern. Sie stehen damit sowohl für Prozesse der internen Organisationsentwicklung als auch für eine spezifische Verortung der Kirche innerhalb der Gesellschaft. Durch ihre Multifunktionalität verfügen Dienste, Werke und Einrichtungen über responsive Strukturen nach innen wie nach außen, die sie zu einer besonderen intermediären Organisationsgestalt zwischen den klassischen kirchlichen Organisationsformen und dem gesellschaftlichen Umfeld machen. Sie schaffen durch ihre Struktur, Netzwerke, Handlungsformen und Interaktionen einen intermediären Raum zwischen verfasster Kirche mit ihren drei Ebenen Landeskirche, Kirchenkreise und Kirchengemeinde sowie Zivilgesellschaft, Wirtschaft und dem staatlichen Bereich. Mit ihrem besonderen Profil jenseits der klassisch territorialen Struktur von Ortsgemeinde und Pfarramt bilden sie aufgrund ihrer funktionalen, exemplarischen, stärker thematisch, lebenswelt- und subjektbezogenen Logiken ein prototypisches Potential für eine postparochiale Kirche. Dieses gilt es, gesamtkirchlich fruchtbar zu machen – auch jenseits der Frage, ob und wie sich Dienste, Werke und Einrichtungen als eigenständige Organisationsgestalt innerhalb der unter starkem Transformationsdruck stehenden kirchlichen Landschaft weiter entwickeln werden.[1]

Offene Tür-Stellen als kirchliche Bausteine einer krisenfesten Gesellschaft

„Ich bin die Tür" (Jesus in Joh 10)

Die Arbeit der kirchlich verantworteten Offene Tür-Stellen im deutschsprachigen Raum geschieht mit dem Ziel, niedrigschwellig anonyme und kostenfreie Krisen- und Lebensberatung anzubieten. In wechselseitiger Ergänzung zur Telefon-Seelsorge® sind die Offene Tür-Stellen[2] und die sog. „Face-To-Face"-Stellen der TelefonSeelsorge® ein unbürokratisches Vor-Ort-Angebot für Menschen in krisenhaften Lebenssituationen. Diese Arbeitsform wird auch in Zukunft von entscheidender Bedeutung sein, wenn die Kirchen ihrem Auftrag treu bleiben wollen, Menschen an Schwellen und in Krisen des Lebens nicht im Stich zu lassen.

Die Arbeit versteht sich als wesentlicher Baustein für eine krisenfeste Gesellschaft, wie sie die Enquete-Kommission des Landtags von Baden-Württemberg anstrebt:

> Die Enquetekommission ‚Krisenfeste Gesellschaft' soll Handlungsempfehlungen erarbeiten, die das Ziel haben, das baden-württembergische Gemeinwesen für die Zukunft resilienter und

---

1 P. Ehlhaus, „Vermessung eines komplexen Feldes", Fluide Formen von Kirche: Dienste, Werke und Einrichtungen in Gesellschaft und Kirche des 21. Jahrhunderts. Hrsg. P. Ehlhaus und U. Pohl-Patalong, Stuttgart 2024, 45-46.

2 Eine Übersicht zu den Offene Tür-Stellen im deutschsprachigen Raum findet sich hier: www.offene-tuer.net.

krisenfester aufzustellen. Dabei soll sie sich insbesondere auf
die Erarbeitung von Handlungsempfehlungen konzentrieren,
die ihre Wirkung im Zeitraum nach Abschluss ihrer Tätigkeit entfalten können, auf Landesebene umsetzbar sind und den Fokus
auf die Umstände von Krisen setzen.[3]

Die folgenden Thesen erläutern dies ausgehend von den Erfahrungen der Ökumenischen Krisen- und Lebensberatungsstelle
brücke in Karlsruhe.

Offen

Zur Krisenberatung der Offene Tür-Stellen können Menschen
für ein Erstgespräch ohne Termin die Beratungsstelle aufsuchen
und mit einer psychologischen Beratungsfachkraft ein persönli-
ches Gespräch führen. Das Beratungs- und Seelsorgeangebot
versteht sich als Krisenambulanz, Clearingstelle und niedrigschwellige Kontaktmöglichkeit für alle Menschen in der Region. Die Praxis der Erstgespräche ohne Termin erweist sich als
Dreh- und Angelpunkt der Wirksamkeit und Relevanz dieses
Angebots: Kirche ist da, wenn Menschen in Not sind, jetzt und
hier ohne Wartezeiten und Terminvereinbarungen. Pro Jahr
finden so ca. 3.000 Gespräche mit ca. 1.000 Menschen statt bei
einer wöchentlichen Öffnungszeit von derzeit 30 Stunden an allen Werktagen des Jahres.

---

3   Enquetekommission „Krisenfeste Gesellschaft" in Baden-Württemberg: htt-
    ps://www.landtag-bw.de/home/der-landtag/gremien/untersuchungsaus-
    schusseenqueteko/enquetekommission-krisenfeste-ge.html, abgerufen am
    09.05.2023.

Professionell

Die Arbeit geschieht im Wechselspiel von Haupt- und Ehrenamtlichen. Während die Ehrenamtlichen den Erstkontakt im Foyer und am Telefon diskret und kompetent übernehmen, geschieht die eigentliche Krisenberatung und Seelsorge durch ein interprofessionelles Team von Hauptamtlichen. Professionalität in der konkreten Beratung geht somit einher mit ehrenamtlicher Unterstützung im Erstkontakt mit Ratsuchenden. Dabei orientiert sich die Fachlichkeit der Hauptamtlichen an den Standards der psychologischen Beratung im Raum der Kirchen.[4] Ehrenamtliche durchlaufen entsprechende Vorbereitungskurse.[5]

Vernetzt

Wesentlich für die Wirksamkeit von Beratung und Seelsorge ist die enge Vernetzung mit den kirchlichen und psychosozialen Angeboten vor Ort und in der Region. Neben der Akut-Beratung verweisen wir gezielt nach Themen auf die weiteren Möglichkeiten der Beratung und können mit einer vollständig sortierten Übersicht zu anderen Beratungsstellen, Initiativen und Selbsthilfegruppen schnell relevante Bezüge herstellen. Kooperationen bestehen mit den Pfarrgemeinden, der Telefonseelsorge und dem Arbeitskreis Leben. Auch zu Arztpraxen und Kliniken sowie der Ambulanz der Psychiatrie sind gute Kontakte vorhanden.

---

4 Vgl. „Gütekriterien in der Evangelischen Landeskirche in Baden und der Diakonie Baden: Orientierungsrahmen", hg. vom Evang. Oberkirchenrat Karlsruhe, Abt. Diakonie, Bereich Psychol. Beratung, Ursula Bank, zuletzt überarbeitet 2018, orientiert an den „Gütekriterien für Beratungsstellen" der EKFuL 2013.

5 Zur Rolle der Ehrenamtlichen vgl. Kp. 2.3.

Attraktiv

Als kirchliches Arbeitsfeld ist die Offene Tür-Arbeit sowohl für ehren- als auch für hauptamtlich Mitarbeitende hoch interessant. Im Blick auf personalpolitische Aspekte dieses Dienstes kann die Kirche stolz sein, solche Arbeitsplätze bereit zu halten: Sie erfüllen bereits jetzt schon die Ansprüche einer modernen kirchlichen Personalpolitik, nicht zuletzt im Blick auf die Weiterentwicklung des Pfarrbildes und der pastoralen Berufsrollen sowie der interprofessionellen Zusammenarbeit im Team.[6] Durch das gute Zusammenspiel von klaren Rahmenbedingungen und schlanker Verwaltung strahlen solche Arbeitsplätze eine Anziehungskraft aus auf pastorale (Pfarrpersonen, Diakon*innen), pädagogische und psychologische Fachkräfte mit entsprechenden Zusatzqualifikationen, und ermöglichen ein hohes Maß an Selbstwirksamkeit.[7]

Zukunftsorientiert

Offene Tür-Arbeit ist ganz nahe dran an den Sorgen und Nöten der Menschen. Hier zeigt sich Kirche als eine hörende, lernende und unterstützende (dienende) Kirche.[8] Will Kirche wissen, wie

---

6   Vgl. A. Rohnke, Gesundheit und Arbeitswohlbefinden: Ansätze für eine nachhaltige Personalpolitik, Deutsches Pfarrerblatt 123 (2023), 73-78.

7   Vgl. Ch. Lang, Innere Karriere statt Innere Kündigung: Von der Kunst der Selbststeuerung im Pfarrberuf. Deutsches Pfarrerblatt 119 (2019) 85-96.

8   Vgl. F. Steffensky: Gott loben, das Recht ehren, Gesicht zeigen. Das Wesen und die zentralen Aufgaben der Kirche, in: ders.: Schwarzbrot-Spiritualität, Stuttgart 2010, 53-72, 66f. Als eine von drei Grundaufgaben von Kirche, zwischen den Polen „Gott loben" (Gottesdienst) und „Gesicht zeigen" (Öffentliches Zeugnis), nennt Steffensky die „Aufmerksamkeit für das Leid und das Glück der Menschen" (66) im Dienst der Gerechtigkeit. In diesem Dreiklang verorte ich theologisch die Arbeit der Offene Tür-Stellen.

sie in Kontakt bleibt mit den Menschen und ihren Sorgen und
Nöten, kann sie hier ihren diakonisch-caritativen Auftrag erfüllen und sich dabei im Sinne einer „krisenfesten Gesellschaft"
konstruktiv in das Zusammenleben vor Ort in der Stadt und von
hier ausstrahlend in die Region hinein einbringen.[9]

Sich ökumenisch entwickelnd

Für den Bereich der Evang. Landeskirche in Baden bzw. der
Erzdiözese Freiburg ist zu prüfen, wie sich neben den drei bereits vorhandenen Offene Tür-Stellen in Mannheim, Karlsruhe
und Freiburg für jede größere Region ein derartiges kirchliches
Angebot entwickeln ließe. Dabei könnte das Karlsruher Modell
in seinem Zusammenspiel von Professionalität (fünf Hauptamtliche mit 300%) und Ehrenamt (etwa 20 Ehrenamtliche) leicht
auf andere Orte übertragen werden: Kennzeichen sind hier die
ökumenische Trägerschaft, die Einbindung Ehrenamtlicher, die
hohe Professionalität, die Leitung durch zwei pastorale Hauptamtliche mit entsprechender Zusatzqualifikation sowie die enge
Vernetzung mit den Akteuren der Kirchen und der psychosozialen Beratungslandschaft in der Region.[10]

Präventiv, kurativ, palliativ

Offene Tür-Stellen leisten einen wesentlichen Beitrag zur Krisenintervention. Sie unterstützen die Menschen und deren

---

9   Zu Beginn der Pandemie 2020 entwickelten die Offene Tür-Stellen wie auch
    die Psychologischen Beratungsstellen zeitnah Konzepte des „blended coun-
    seling". Auch daran zeigt sich, dass sich Offene Tür-Arbeit als wesentlicher
    Beitrag zu einer „krisenfesten Gesellschaft" versteht.

10 Vgl. zu Trägerschaft, professionellen Standards, Arbeit mit Ehrenamtlichen
    und personellen Ausstattung die „Seelsorglich-beraterische Grundkonzepti-
    on" (2021) der *brücke* in Karlsruhe, vgl. Kp. 5.2.

Angehörige (präventiv) durch entsprechende Öffentlichkeitsarbeit und begleitende Angebote der Krisenprävention und -intervention. Menschen in Krisen werden aufgefangen, in Übergangszeiten begleitet und gezielt weitervermittelt (kurativ). Menschen werden dann auch längere Zeit begleitet, wenn andere Netzwerke nicht oder nicht mehr greifen (palliativ).[11]

Offene Türen als Bausteine einer krisenfesten Gesellschaft

Als kirchliche Kompetenzzentren für Seelsorge und Beratung leisten die Offene Tür-Stellen einen präventiven, kurativen und palliativen Beitrag zu einer „krisenfesten Gesellschaft". Sie sind in den Städten und ausstrahlend in die Regionen ganz nahe dran an den Sorgen und Nöten der Menschen unserer Zeit. Sie erinnern als Krisenambulanzen Gesellschaft und Kirche an die notwendige und heilsame Begrenzung und Endlichkeit allen Tuns.[12] Die Wirksamkeit eines zeitnahen und niederschwelligen Gesprächsangebots als Baustein einer „krisenfesten Gesellschaft" wird durch vielfältige Erfahrungen aus der Arbeit der Offene Tür-Stellen belegt. Offene Türen sind lebendiger Ausdruck einer Kirche, die ihren Dienst ganz nahe bei und mit den Menschen versteht – eben einer Kirche, die um den unschätzbaren Wert jeder Begegnung „von Angesicht zu Angesicht" weiß.

---

11 Den Gedanken einer „Palliativen Psychotherapie" haben H. Beutel und R. Tausch für jene Menschen entwickelt, bei denen der alltägliche Kampf ums psychische Überleben so weit stabilisiert werden konnte, dass keine Klinikeinweisung mehr erforderlich wurde und sie ihre alltäglichen Beziehungen zu Mitmenschen etwas erweitern konnten. Ich habe daran anknüpfend den Ansatz einer „palliativen Seelsorge" skizziert, vgl. Kp. 3.3.

12 Vgl. dazu Kp. 4.1.

5.2 Beispiel einer seelsorglich-beraterischen Grundkonzeption

Im Folgenden wird exemplarisch die Konzeption der Arbeit einer Offene Tür-Stelle am Beispiel der Ökumenischen Krisen- und Lebensberatungsstelle *brücke* in Karlsruhe in Auszügen dargestellt. Auch wenn Details der personellen Ausstattung und der konzeptionellen Entscheidungen von Stelle zu Stelle variieren, wird am Beispiel der Karlsruher Krisenberatungsstelle deutlich, nach welchen Kriterien und mit welchen Qualitätsmerkmalen die Arbeit der Offene Tür-Stellen geschieht. In einem längeren Prozess im Team der Hauptamtlichen, in Klausurtagen und nach Diskussion der Entwürfe mit den Ehrenamtlichen und den Mitgliedern des Kuratoriums der Krisenberatungsstelle wurde die folgende Grundkonzeption 2021 verabschiedet.[13]

Teil 1 der Grundkonzeption: Grundlegendes

Kirchlicher Auftrag
Über den kirchlichen Auftrag und gesellschaftlichen Beitrag der *brücke* heißt es in der Präambel der „Vereinbarung zwischen der Evang. Kirche in Karlsruhe und der Römisch-katholischen Gesamtkirchengemeinde Karlsruhe über die Unterstützung der Krisen- und Lebensberatungsstelle *brücke*" (im Folgenden kurz: Vereinbarung) von 2018: „Die *brücke* ist eine Einrichtung im Rahmen der ‚Offene Tür-Stellen'. Die ‚Offene Tür-Stellen' wirken mit an der Erfüllung des diakonischen und pastoralen Auftrags der Kirchen und leisten einen Beitrag für die psychosoziale

---

13 Zur jeweils aktuellen Grundkonzeption der Krisenberatungsstelle vgl. www. bruecke-karlsruhe.de/hintergruende, abgerufen am 28.01.2025.

Versorgung der Menschen. Sie sind sowohl im Bereich der Beratung als auch in der Seelsorge verankert."

Dabei wird die Beratungsstelle definiert als eine „niederschwellig konzipierte kirchliche Einrichtung mit einem psychologischen und seelsorglichen Beratungs- und Informationsangebot. Sie bietet im persönlichen Gespräch Beratung, Krisenbegleitung und Seelsorge an." Im Blick auf das zugrunde gelegte Menschenbild wird in Anlehnung an Art. 1, Grundgesetz, formuliert: „Die Mitarbeitenden nehmen den anderen Menschen in vorurteilsfreier und unbedingter Offenheit an. Dabei sind sie der Würde des einzelnen Menschen verpflichtet und unterstützen dessen selbstverantwortliche Kräfte."

Fachliche Grundlagen[14]

Psychologische Beratung und Seelsorge als Praxis des Evangeliums: das leitende Bild vom Menschen

- Die Sorge Gottes um seine Geschöpfe konkretisiert sich in der annehmenden Zuwendung sowie in der Herausforderung zu heilsamer Selbstauseinandersetzung. Psychologische Beratung und Seelsorge bieten Halt in Krisenzeiten und Unterstützung bei der Neuorientierung.
- Die Beratung bietet einen geschützten Raum für fachliche Begleitung. Dabei werden Ratsuchende in ihrer Verletzlichkeit,

---

14 Vgl. dazu die beiden Grundsatztexte: „Das christlich inspirierte Beratungsverständnis der kath. Beratungsdienste in der Diözesanen Arbeitsgemeinschaft Beratung (DiAG Beratung)" vom 02.10.2019, sowie „Psychologische Beratung in kirchlich-diakonischer Trägerschaft als Kernaufgabe der Kirche" der Evang. Konferenz der Hauptstellenleiterinnen und -leiter (EKH), verabschiedet am 29.01.2019.

Bedürftigkeit und in ihren Grenzen ebenso wahrgenommen wie mit ihren Stärken und Ressourcen.

- Sie sieht den Menschen als einmaliges und zugleich fragiles Wesen, der Liebe bedürftig und zur Liebe fähig, durch seine Geschichte geprägt und zugleich offen für Entwicklung und Veränderung.
- Sie nimmt die spirituelle Dimension von Beratungssituationen wahr und ist offen für existenzielle Fragen.
- Damit hat Psychologische Beratung in kirchlich-diakonischer Trägerschaft Anteil am Seelsorgeauftrag der Kirche. Dabei ist das Zusammenwirken von Seelsorge in den Gemeinden und Psychologischer Beratung notwendig, um Menschen hilfreich zu begleiten.
- Psychologische Beratung und Seelsorge verstehen sich als Hilfsangebot für alle Menschen in Not, ungeachtet ihrer religiösen und kulturellen Prägung oder ihrer sexuellen Orientierung.

Zur fachlichen Qualität psychologischer Beratung und Seelsorge

- Es gelten die fachlichen und berufsethischen Standards.
- Die Arbeit geschieht in einem multiprofessionell zusammengesetzten Team.
- Dabei wird die Weiterentwicklung der Qualität der Arbeit durch regelmäßige Teamarbeit, kollegiale Intervision und externe Fallsupervision sowie durch regelmäßige Fortbildung der Mitarbeitenden sichergestellt.
- Die Arbeit in der *brücke* wird von der Überzeugung getragen, dass auch in noch so leidvollen, verzweifelten oder ausweglosen Situationen Hoffnung neu entstehen, Zuversicht wachsen und Segen erfahrbar werden kann.

Aufgaben und konzeptionelle Besonderheiten

Die Vereinbarung beschreibt die Aufgaben der *brücke* wie folgt:

- Beratung in akuten Krisen und Konfliktsituationen;
- Abklärung von aktuellen Problemen und Lebensfragen;
- Weiterführende psychologische Beratung;
- Begleitung bei langanhaltenden Belastungen;
- Seelsorgliche und geistliche Begleitung;
- Information über kirchliche, psychosoziale und therapeutische Angebote;
- bei Bedarf Empfehlung, weitere fachspezifische Einrichtungen aufzusuchen;
- Beratung im persönlichen Kontakt;
- je nach Bedarf der Ratsuchenden das Angebot von Einzel-, Paar und Familiengesprächen;
- keine Eingrenzung der Themen;
- bei Bedarf Arbeit in Gruppen.

Die Vereinbarung beschreibt die besonderen Kennzeichen und konzeptionellen Besonderheiten der *brücke* wie folgt:

- Angebot von offenen Sprechzeiten ohne Terminvereinbarung;
- Erstgespräche im Rahmen der Präsenzzeiten noch am selben Tag;
- zentrale Stadtlage und der barrierefreie Zugang der Einrichtung;
- Kostenfreiheit der Gespräche;
- Gewährleistung der Anonymität für die Ratsuchenden;
- Vertraulichkeit aller Kontakte und aller dienstlichen Informationen;
- Offenheit für jeden Menschen unabhängig von Religion, Nationalität und Kultur.

Praktische Umsetzung der konzeptionellen Grundentscheidungen

Die praktische Umsetzung geschieht durch folgende im Team entwickelten und bewährten Regeln:

- Prinzip Offene Tür: Besucherinnen und Besucher, die in die offenen Sprechzeiten kommen („Präsenz"), werden im Foyer von den dazu ausgebildeten Ehrenamtlichen in Empfang genommen; in jeder Präsenz ist ein/e Berater/in für die Gespräche ohne Termin zuständig, Erstgespräche haben in den Präsenzzeiten Vorrang vor Folgegesprächen.
- Sprechzeiten ohne Terminvereinbarung sind zurzeit MO, DI, DO, FR von 10-13 Uhr und von 15-18 Uhr, sowie MI von 16-20 Uhr. Dazu kommen terminierte Folgegespräche, die jede/r Berater/in nach eigenem Ermessen plant und koordiniert.
- Im Blick auf die Sicherstellung des spezifischen „Offene Tür"-Angebots durch die Hauptamtlichen gilt im Team folgende Regel: Präsenz hat Priorität vor Terminen und weiteren Angeboten wie Gruppen o.ä. Im Falle von Urlaub / Krankheiten / Fortbildungen / Ausflügen / Tagungen / Krisendienstplänen usw. hat die verlässliche Öffnung der *brücke* zu den Öffnungszeiten oberste Priorität. Diese Regel findet bei der Ausgestaltung der Dienstpläne durch die Hauptamtlichen Beachtung.
- Sinn und Ziel einer Erstberatung entsprechen den in der Vereinbarung genannten Aufgabenschwerpunkten. Nach einem Erstgespräch haben Ratsuchende die Möglichkeit, sich in der nächsten Präsenz wieder zu melden. Daraus kann sich ein längerer Beratungskontakt entwickeln. In der Regel wird jeweils nur ein Folgetermin vereinbart.
- Sinn und Ziel einer längeren Begleitung variieren je nach Ratsuchendem und sind abhängig von den Anliegen und den zeitlichen Möglichkeiten aufseiten der Hauptamtlichen.
- Nach Abstimmung im Team der Hauptamtlichen kann es weitere Angebote in der *brücke* geben, wie z.B. geschlossene

Gruppenangebote zur Selbsterfahrung, oder auch präventive offene Angebote, wie z.B. Informations- oder Themenabende. Im Sinne des „diakonischen und pastoralen Grundauftrags der Kirchen" (vgl. Präambel der Vereinbarung) können dazu sowohl Psychoedukation als auch die Möglichkeit zur informellen Begegnung gehören.

- Die Begleitung, Weiterbildung und Kontaktpflege der Ehrenamtlichen geschieht durch gemeinsame externe Supervisionstreffen, durch Fortbildungs- und Begegnungstage und -wochenenden, sowie beim Jahresausflug und Jahresabschluss („Adventsfeier") und weitere Einzelfortbildungen. Dazu kommen die jährlichen Einzelgespräche der Hauptamtlichen mit den Ehrenamtlichen aus den jeweiligen Präsenzen. Bei Bedarf werden neue Ehrenamtliche nach einem bestehenden Ausbildungskonzept geschult.

- In der Regel geschieht die Arbeit in der *brücke face-to-face*. In besonderen Krisensituationen (Bsp. Pandemie, Gefährdungen, Großschadenslagen) kann die Beratung auch telefonisch, teilweise im Home-Office, oder auch als Video-Beratung erfolgen. Als Orientierung dafür können die jeweils gültigen Gütekriterien für Online-Beratung und die aktuellen Standards für *blended counseling* dienen, wie sie in den Fachverbänden der Träger entwickelt werden.

- Im Sinne einer Weiterentwicklung des Angebots könnten Konzepte des *blended counseling* sinngemäß auch längerfristig für die Offene Tür-Arbeit Anwendung finden. Das Team der Hauptamtlichen stimmt sich in diesem Falle eng mit dem Kuratorium ab.

Teil 2 der Grundkonzeption: Gütekriterien der Arbeit

Gütekriterien konkretisieren die in den jeweiligen Grundsatzbroschüren beschriebene Fachlichkeit psychologischer Beratung unter dem Dach der Kirchen. In verschiedenen Dimensionen werden Kriterien für die Qualität der Arbeit aufgelistet. „Gütekriterien dienen nach außen der Legitimierung und qualitativen Darstellung der psychologischen Beratungsarbeit gegenüber den Geldgebern und Fachinstanzen. Nach innen sind sie ein Mittel, die Qualität der eigenen Arbeit immer wieder zu überprüfen und weiterzuentwickeln."[15]

Folgende leitende Fragestellungen sind dabei hilfreich:

- Wie versteht und formuliert die Beratungsstelle ihre aktuelle Hauptaufgabe, so dass alle im Team sie mittragen können?
- Welche Aufgaben ergeben sich im Einzelnen aus der Hauptaufgabe?
- Was sind fachliche Kriterien, wie werden sie eingelöst, wie passen sie zu den Fragestellungen der Ratsuchenden, den Gegebenheiten in der kirchlichen und gesellschaftlichen Umwelt sowie den Möglichkeiten und Grenzen der Beratungsstelle?
- Wie positioniert sich die Beratungsstelle im Geflecht von Ratsuchenden – Beratenden – Beratungsstelle – Träger – Umwelt und wie vertritt die Beratungsstelle in diesem Geflecht ihre Erfahrungen, Erkenntnisse und Möglichkeiten?
- An welchem Leitbild orientiert sich die Beratungsstelle?

Gütekriterien bieten einen Rahmen für die Reflexion darüber, was warum und in welcher Weise erhalten werden soll. Sie

---

15 Vgl. „Gütekriterien in Evangelischen Landeskirche in Baden und der Diakonie Baden: Orientierungsrahmen", hg. vom Evang. Oberkirchenrat Karlsruhe, Abt. Diakonie, Bereich Psychol. Beratung, Ursula Bank, zuletzt überarbeitet 2018, orientiert an den „Gütekriterien für Beratungsstellen" der EKFuL 2013.

dienen gleichfalls zur Verständigung darüber, was warum und in welcher Weise verändert oder aufgegeben werden soll – ohne dabei die Realität aus dem Blick zu verlieren und ohne dabei einem Wunschdenken zu verfallen.

Konzeptqualität: Kriterien und Anforderungen

Konzeption

Für die Arbeit der *brücke* grundlegend ist die in der „Vereinbarung" von 2018 formulierte Aufgabenbeschreibung der Träger. Darin enthalten sind grundlegende Aussagen der Träger zum Beratungskonzept der *brücke*. Weiterhin gelten als Rahmenvorgaben die Hinweise und Grundlegungen aus dem jeweils aktuellen Handbuch der Telefonseelsorge® und der Offenen Türen in Deutschland. Die konkrete Umsetzung der Aufgaben wird jeweils im Team besprochen und regelmäßig überprüft. Konzeptionelle Veränderungen werden in Rücksprache mit dem Kuratorium bei Bedarf im Team diskutiert und zeitnah umgesetzt.

Aufgaben

Die Ökumenische Krisen- und Lebensberatungsstelle *brücke* ist eine Einrichtung der „Offene Tür-Stellen". Als solche wirkt sie mit an der Erfüllung des diakonischen und pastoralen Auftrags der Kirchen und leistet einen Beitrag für die psychosoziale Versorgung der Menschen. Als Leitbild ist darin definiert: Die *brücke* ist eine niederschwellig konzipierte kirchliche Einrichtung mit einem psychologischen und seelsorglichen Beratungs- und Informationsangebot. Sie bietet im persönlichen Gespräch Beratung, Krisenbegleitung und Seelsorge an.

Strukturqualität: Kriterien und Anforderungen

Niedrigschwelliger Zugang

Für die Ratsuchenden ist der freie und unbürokratische Zugang zur Beratungsstelle und ihren Leistungen gesichert. Dazu gehören bedarfsgerechte Sprech- und Öffnungszeiten und eine gute Erreichbarkeit für Menschen aus dem Stadt- und Landkreis Karlsruhe. Durch die Möglichkeit, ein Erstgespräch ohne Terminvereinbarung zu führen, wird in markanter Weise der niedrigschwellige Zugang zur Beratung gewährleistet.

Interkulturelle / interreligiöse Offenheit

Auf Träger- und auf Team-Ebene werden in einem kontinuierlichen Prozess interkulturelle und interreligiöse Aspekte der Arbeit in den Blick genommen.

Kurzfristige Beratung

Nach einem Erstgespräch ohne Termin bieten die Mitarbeitenden der *brücke* die Möglichkeit, zeitnah ein Folgegespräch zu führen. Bei Bedarf besteht dann auch die Möglichkeit zur mittel- und längerfristigen Begleitung.

Erreichbarkeit

Während der Öffnungszeiten ist sichergestellt, dass die Ratsuchenden im Foyer von Ehrenamtlichen in Empfang genommen und nach ihrem Anliegen gefragt werden. In diesen Zeiten ist auch das Telefon immer durch Ehrenamtliche besetzt.

Ratsuchende unter 18 Jahren

Das Angebot der *brücke* richtet sich an Menschen ab 18 Jahren. Sollte eine Person unter 18 Jahren einen Gesprächswunsch haben, so wird diese Person in einem einmaligen Gespräch auf die

Möglichkeiten psychosozialer Beratung für Kinder und Jugendliche hingewiesen.

Multidisziplinarität

Im multidisziplinär zusammengesetzten Fachteam sind in der *brücke* beraterisch-therapeutisch ausgebildete Mitarbeitende aus den Disziplinen Theologie, Psychologie und Sozialarbeit/Sozialpädagogik vertreten.

Personelle Ausstattung (Hauptamtliche)

In der *brücke* trägt die römisch-katholische Gesamtkirchengemeinde Karlsruhe dafür Sorge, dass Mitarbeitende in einem Deputatsumfang von 3,0 Stellen zur Verfügung stehen. Dabei stellt die Evang. Kirche in Karlsruhe eine entsprechend ausgebildete Fachkraft mit einem Deputatsumfang von 1,0 Stellen im Wege der kostenfreien Arbeitnehmerüberlassung zur Verfügung. Für die Räume steht eine Reinigungskraft mit 5,5 h/Woche und ein Hausmeister mit 2,5 h/Woche zur Verfügung.

Personelle Ausstattung (Ehrenamtliche)

Für die Arbeit im Foyer und am Telefon stehen bis zu 20 ausgebildete Ehrenamtliche zur Verfügung.

Zusatzqualifikationen

Jede Fachkraft verfügt über eine beraterische bzw. therapeutische Zusatzqualifikation. Im Team sind unterschiedliche Zusatzqualifikationen vertreten.

Mitwirkung in Gremien und Ausschüssen

Die *brücke* beteiligt sich an Gremien der psychosozialen Versorgung, an politischen, kommunalen sowie an trägerspezifischen

Gremien. Die Wahrnehmung dieser Beteiligung wird durch die Leitung geregelt.

Kooperation und Vernetzung

Die *brücke* kooperiert mit anderen Diensten und Einrichtungen und beteiligt sich an regionalen Netzwerken. Eine besondere Kooperation besteht mit dem Hauptamtlichen-Team der TelefonSeelsorge® Karlsruhe sowie dem Team des Arbeitskreises Leben Karlsruhe. Die Wahrnehmung der Kooperationen wird durch die Leitung geregelt.

Kostenbeteiligung

Die Gespräche in der *brücke* sind gemäß der Vereinbarung von 2018 grundsätzlich kostenfrei.

Räumlichkeiten

Die Räumlichkeiten im Erdgeschoss des Jugendbegegnungszentrums (jubez) am Kronenplatz Karlsruhe sind für Beratung und Gruppenarbeit gut geeignet. Die Stelle ist so untergebracht, dass der Verschwiegenheit Rechnung getragen wird. Für die Beratung stehen in der Regel vier Einzelzimmer und ein Gruppenraum zur Verfügung, der auch für Einzelberatung genutzt wird. Das Foyer, die Küche und der Raum für die Mitarbeitenden sind so ausgestaltet, dass die Besucherinnen und Besucher von den Ehrenamtlichen gut in Empfang genommen werden können und ein erstes Ankommen erleichtert wird.

Sächliche Ausstattung

Die Krisen- und Lebensberatungsstelle verfügt über breit gefächerte Informationen (Handzettel, Broschüren, Flyer) zu den psychosozialen Angeboten der Region, sowie über eine Präsenzbibliothek im Foyer und Fachliteratur im Besprechungszimmer. Für die Arbeit und Weiterbildung der Ehrenamtlichen benötigte technische Einrichtungsgegenstände sowie jeweilige Büroausstattung der Beraterinnen und Berater sind vorhanden.

Prozessqualität: Kriterien und Anforderungen

Fachliche Unabhängigkeit
Beratung erfolgt nach den „Regeln fachlichen Könnens" im Beratungswesen unter Berücksichtigung der fachlichen Eigenverantwortlichkeit der Beraterinnen und Berater.

Leitung
Dienst- und Fachaufsicht, Leitungsaufgaben und Entscheidungskompetenzen sind geregelt. Die Kommunikation zwischen den Leitungsebenen und mit den Trägern ist geregelt.

Berufsethische Standards
Die berufsethischen Standards werden im Team bewusst gehalten.

Verschwiegenheit und Datenschutz
Die Verschwiegenheit der Beratung wird gewährleistet durch die Verpflichtung aller haupt- und ehrenamtlich Mitarbeitenden auf die einschlägigen gesetzlichen Regelungen und die Datenschutzbestimmungen der Träger sowie die Sicherstellung des Schutzes des Privatgeheimnisses auch im Telefon- und Schriftverkehr sowie in der elektronischen Datenverarbeitung.

Dokumentation
Die Dokumentation der Beratung erfolgt anonymisiert nach den Standards des Dachverbands „TelefonSeelsorge® Deutschland e.V. – Ökumenischer Verein für TelefonSeelsorge® und

Offene Tür Deutschland (TSD)". Personenbezogene Daten werden nicht erfasst.

Fallbesprechungen und Teamkooperation
Für die Organisation der Beratungsstelle, zur fachlichen Unterstützung und Kontrolle der unmittelbaren Beratungstätigkeit sowie weiterer fachlicher Tätigkeiten finden in der Regel wöchentliche Teambesprechungen statt.

Fort- und Weiterbildung
Die kontinuierliche Qualifizierung der Fachkräfte ist durch Teilnahme an Fort- und Weiterbildungsmaßnahmen sichergestellt.

Supervision und Intervision
Für die Fallarbeit wird regelmäßig sowohl externe Supervision wie auch kollegiale Intervision in Anspruch genommen.

Ergebnisqualität: Kriterien und Anforderungen

Statistische Aufbereitung
Die fachliche Arbeit eines Jahres, statistisch erfasst nach den Standards des Dachverbands „TelefonSeelsorge® Deutschland e.V. – Ökumenischer Verein für TelefonSeelsorge® und Offene Tür Deutschland (TSD)", wird in Absprache mit dem Träger dokumentiert und reflektiert.

Evaluation
Zur Reflexion und Weiterentwicklung ihrer Arbeit führt die *brücke* Evaluationen durch.

5.3 Im Licht einer größeren Hoffnung

In diesem dritten und letzten Abschnitt versuche ich theologisch auszuloten, inwiefern kirchliche Krisenberatung wie alle Werke und Dienste der Kirchen einerseits und gemeindliche Präsenzen andererseits aufeinander angewiesen sind und sich wechselweise organisch ergänzen.

Angesichts anhaltender Krisen- und Ohnmachtserfahrungen bieten Offene Tür-Stellen und offene Kirchen Räume an, in denen das Kleine, das Unscheinbare, die „Macht der Kerzen und Gebete" wirksam werden kann. So bilden, vielleicht am Ende für manche Leserinnen und Leser überraschend, Gebet, Kontemplation, Stille gleichsam den gemeinsamen Humus für alles Tun und Lassen in der Kirche – eben auch für die kirchliche Krisenberatung, die erst durch ihre Verortung und Vernetzung hinein in das spirituelle Leben der Kirchen ihre ganz eigene Kontur entwickeln kann.

Die größere Hoffnung
(Ilse Aichinger)

„Bin ich ein Fremder, weil mein Haar schwarz und gekraust ist, oder seid ihr Fremde, weil eure Hände kalt und hart sind? Wer ist fremder, ihr oder ich? Der hasst, ist fremder als der gehasst wird, und die Fremdesten sind, die sich am meisten zu Hause fühlen!"
(…)

„Wer von euch ist kein Fremder? Juden, Deutsche, Amerikaner, fremd sind wir alle hier. Wir können sagen ‚Guten Morgen' oder ‚Es wird hell', ‚Wie geht es Ihnen?', ‚Ein Gewitter kommt', und das ist alles, was wir sagen können, fast alles. Nur gebrochen sprechen wir unsere Sprache. Und ihr wollt das Deutsche verlernen?

Ich helfe euch nicht dazu. Aber ich helfe euch, es neu zu erler-
nen, wie ein Fremder eine fremde Sprache lernt, vorsichtig, behutsam, wie man ein Licht anzündet in einem dunklen Haus und
wieder weitergeht."[16]

Offene Tür-Stellen in geschlossenen Gesellschaften

Vermutlich ist die Diagnose des Musikers Sting in seinem Song
„This War" aus dem Album „Sacred Love" von 2003 realistisch
und noch immer zutreffend:

There's a war on our democracy (…) There's a war on mother na-
ture (…) There's a war on education / A war on information / A
war between the sexes / (…) Yes you may win this coming battle
/ But could you tolerate the peace?[17]

Wir erleben gegenwärtig eine Phase anhaltender Konfliktlagen,
die sich nicht nur in Form von globalen bewaffneten Kriegen
äußert, sondern eben auch bis in die Köpfe und Herzen der
Menschen vor Ort hineinwirkt und – radikal zu Ende gedacht –
hier ihren Ursprung hat. Krieg spielt sich nicht nur weit weg ab,
er rückt immer näher: Krieg wird geführt gegen die Demokratie, gegen die Natur, ein Kampf um Seerechte und Böden und
Wasser, aber eben auch ein Kampf um unser Mitgefühl, ein
Kampf um Information und um Meinungshoheiten. Sting trifft
mit seinem Song einen wichtigen Punkt. „Wutbürger" nehmen
sich das Recht, zunächst in Worten, teilweise dann aber auch in
Taten ihrem gesammelten Frust Ausdruck zu geben. Politische

16 I. Aichinger, Die größere Hoffnung: Roman, Frankfurt 1991, 76 und 90.

17 Sting, "This War", aus dem Album Sacred Love, EMI Music 2003.

Diskussionen spitzen sich zu. Empörung scheint das Mittel der Wahl auf fast allen Seiten, um die politischen Gegner zu diffamieren. Das Phänomen der Vereinfachung und Polarisierung schreitet voran in einer „Gesellschaft der Singularitäten".[18]

Von Mauern in Köpfen und offenen Türen

Doch die Analysen von Kulturphilosophen wie Charles Eisenstein[19] oder von Politikwissenschaftlern wie Tadzio Müller[20] stimmen darin überein, dass es nicht ausreicht, sich in einer Mischung aus Wut und Arroganz über Andersdenkende zu empören und einen vermeintlichen „Aufstand der Anständigen"[21] zu formieren. Solange sich die Lager gegenseitig mit Vorwürfen und Etikettierungen versehen, wird eine echte Annäherung kaum möglich und offensichtlich auch gar nicht erwünscht sein. Die Macht und Gewalt der Überheblichkeit, der Empörung und des Hasses wirkt wechselseitig weiter. Oft genug ist das in unseren Gesprächen in der Krisenberatungsstelle zu spüren und immer wieder sind es diese Themen, die gleichsam „hereinschwappen" in das Gespräch, sobald Menschen von ihrem Umfeld, ihrer Wohnsituation, ihren Erfahrungen mit Ämtern und Behörden oder ihrem Erleben im Familiensystem erzählen. Für das Miteinander in Kirche und Gesellschaft gilt meines Erachtens dasselbe

---

18 Vgl. A. Reckwitz, Die Gesellschaft der Singularitäten: Zum Strukturwandel der Moderne, Berlin 2017.

19 Vgl. Ch. Eisenstein, Die schönere Welt, die unser Herz kennt, ist möglich, München 2021.

20 Vgl. T. Müller, Zwischen friedlicher Sabotage und Kollaps: Wie ich lernte, die Zukunft wieder zu lieben, Wien 2024.

21 Vgl. Berliner Zeitung vom 02.02.2025, https://www.berliner-zeitung.de/news/aufstand-der-anstaendigen-grossdemo-gegen-rechts-heute-in-berlin-li.2292823, abgerufen am 04.02.2025.

wie für das individuelle Erleben: Solange im Modus der Empörung geredet und agiert wird, ist es schwierig, neue Wege zu
beschreiten oder den Raum für frische Erkenntnisse offen zu
halten. So haben manche unserer Besucherinnen und Besucher
im Zusammenhang mit der Rede von einer „Brandmauer" gegenüber einer erstarkenden Partei wie der AfD intuitiv einen
wunden Punkt getroffen, wenn sie darauf hinweisen, dass die
Metapher der Mauer nur bedingt dazu tauge, sich abzugrenzen
– jenseits der „Mauer" leben ja unter Umständen enge Verwandte oder gute Freunde, mit denen zu reden schwierig, aber
wichtig wäre.[22] Die Diskussion ist in vollem Gange:

> Der Autor und Journalist Steffen Greiner rät generell davon ab,
> das Wort Brandmauer weiter zu nutzen. „Volksfront, Brandmau-
> er, Dammbruch – welche Welt beschreiben solche Metaphern?",
> fragt Greiner. Es sei wichtig, klare Grenzen gegen Nazis zu zie-
> hen. Doch Sprache schaffe Wirklichkeit, und es müssten daher
> neue Begriffe gefunden werden. „Denn wenn wir Demokraten
> uns dem Rechtsextremismus mit einer immer wieder militärisch
> anmutenden, faschistisch-harten Sprache entgegenstellen, tra-
> gen auch wir ungewollt dazu bei, den Geist, der hinter dieser
> Sprache steht, am Leben zu erhalten", so Greiner.[23]

---

22 Vgl. eine gewisse Parallele bei Ch. Führer, Und wir sind dabei gewesen: Die
   Revolution, die aus der Kirche kam, Berlin 2008, 55, zum Thema Mauerbau in
   der DDR: „Mit der Mauer wurden nicht die Ursachen, sondern nur die Symptome bekämpft – mit einem Betonphantom."
23 Vgl. „Bröckelt jetzt die Brandmauer?" https://www.deutschlandfunk.de/
   brandmauer-afd-landtagswahlen-cdu-linke-bsw-100.html, abgerufen am
   05.02.2025.

Sanftmut – mehr als eine Tugend

Theologisch wie psychologisch scheint mir die Einsicht wesentlich, dass gerade die Erfahrung des unbedingten Angenommenseins und der liebenden Zuwendung erst Räume eröffnet für Entwicklung. In der christlichen Tradition des Jesus von Nazareth wäre es ein verheißungsvoller Weg, im Geiste der Bergpredigt an die Sanftmut anzuknüpfen, von der Jesus in Mt. 5 redet: „Selig sind die Sanftmütigen, denn sie werden das Erdreich besitzen." Das scheint wie ein Gegenprogramm inmitten aller wutentbrannten Reden und Aktionen unserer Tage. Kerzen und Gebete, wie sie in den Montagsgebeten in Leipzig und Erfurt und an vielen anderen Orten seit vielen Jahren Praxis sind, scheinen mir wie zwei Symbole zu sein für das, was spirituell aus dem Raum der Kirchen als fundamentaler Beitrag zu einer friedlichen Welt und Gesellschaft verstanden werden kann. Das beginnt im Kleinen und hat Auswirkungen für das große Ganze. Immer wieder erlebe ich in der Krisenberatung, dass Menschen mit ihrem inneren Unfrieden, mit ihren Kränkungserfahrungen, mit ihrer Wut und ihrer Ohnmacht punktuell im Gespräch erleben, wie Wut ihren Platz hat, wie sie ausgesprochen werden darf, und wie hier und da aus Wut Mut und aus Hass im Laufe eines Prozesses manchmal tatsächlich Liebe werden kann.[24]

Der größere Zusammenhang: Kirche in der Welt

Für mich ist dies auch deshalb möglich, weil wir selbst als kirchliche Krisenberatungsstelle implizit in dieser größeren Hoffnung verortet sind: Wie die Schwestern und Brüder in den Pfarrgemeinden, den Klöstern, den Akademien und den anderen Werken und Diensten sind und bleiben wir verbunden in der Liebe,

---

24 Vgl. zur Trias Wut – Mut – Liebe den gleichnamigen Essay von Ch. Eisenstein (2020).

die Grenzen überwindet und Mauern überspringt. „Gebete und Kerzen" sind – besonders in Zeiten, in denen das gesellschaftliche Klima rau ist – Zeichen einer Haltung, die in der Ohnmacht anerkennt, dass Menschen und Situationen nicht einfach durch Gegengewalt oder Gegengebrüll zu verändern sind. Gebete und Kerzen sind Zeichen des Angewiesenseins auf eine Kraft größer und weiter als das, was wir verstehen, bewirken und gestalten können. Dieses Moment der Stille, der Pause, der Unterbrechung,[25] die auf Seiten der Beraterinnen und Berater, der Seelsorgerinnen und Seelsorger letztlich *coram Deo* geschieht, verbindet uns in der kirchlichen Krisenberatung mit dem liturgischen und diakonischen Dienst der Kirchen rund um den Globus. Indem wir uns hier zu einem hoffenden, betenden, vertrauenden „Wir" verbinden, das sich selbst einem größeren Ganzen verantwortlich weiß, bleiben wir – zumindest in Teilen – zugleich offen für den anderen in seiner Not und mit seiner ganz eigenen Perspektive auf das Leben.[26]

Das Beispiel der Montagsgebete: Aktion und Kontemplation

Christoph Kähler, der damalige Landesbischof der Evang. Kirche von Thüringen, schreibt über die Macht der Gebete und Kerzen bei den Montagsdemonstrationen:

> Die Friedensgebete waren zunächst keine Massenveranstaltung, eher intime Andachten. Auch nach einer ersten größeren Bekanntheit gab es immer wieder ein Auf und Ab in der Beteiligung von Gemeindegliedern und Außenstehenden. Denn wenn es eine Grundbedingung für dieses und für andere Gebete gibt,

---

25 Vgl. Kp. 3.2: Unterbrechen und Pause machen.

26 Vgl. Kp. 2.2: Unterscheiden und nicht trennen; darin die wesentliche theologisch begründete Unterscheidung von Person und Werk.

dann ist es die Freiwilligkeit des Betens, eine Schwester der Freiheit. Ein erzwungenes Gebet ist ein Widerspruch in sich selbst.
[...]

Mit Kerzen und Gebeten konnte der Protest gegen die bedrückende Dunkelheit und zugleich eine Hoffnung auf mehr Licht, also auch mehr Freiheit von vielen ausgedrückt werden. In den Kirchen artikulierte sich – nicht am Sonntagmorgen – aber am Montag, zu Beginn der Woche, eine ganze Gesellschaft, die bis dahin an Sprachlosigkeit litt. [...] Kerzen und Gebete haben sich in unserer Geschichte als Zeichen der Gewaltlosigkeit und Stärkung des gewaltlosen Widerstandes bewährt.[27]

Ein aktiv-kontemplativer Weg durch das 21. Jahrhundert

Vielleicht ist die Symbolik der „Kerzen und Gebete", wie sie sich in den Montagsgebeten ausdrückt, aktueller denn je. Im Grunde geht es dabei – in den Kirchen wie in den Beratungsstellen, Werken und Diensten – immer wieder um die Erfahrung, die Dietrich Bonhoeffer bereits 1942 formuliert hat angesichts grassierender Gewalt in Worten und Taten durch das NS–Regime:

Unser Christsein wird heute nur in zweierlei bestehen: im Beten und im Tun des Gerechten unter den Menschen. Alles Denken,

---

27 Christoph Kähler, „Kerzen und Gebete: Wurzeln der Freiheit", http://friedensgebet-erfurt.de/friedensgebet-erfurt/beitraege-zum-thema-friedensgebet/kerzen-und-gebete, abgerufen am 01.02.2025. Vgl. dazu das vielsagende Gedicht, das Ch. Führer in seinen Lebenserinnerungen zitiert, vom Herbst 1989: „In den / Zeitungen / dieses Landes / steht: ‚Hier / herrscht Freiheit' / Das ist immer / Irrtum oder / Lüge: / Freiheit / herrscht / nicht." (Ch. Führer, Und wir sind dabei gewesen, Berlin 2008, 96).

Reden und Organisieren in den Dingen des Christentums muss
neu geboren werden aus diesem Beten und diesem Tun.[28]

Die immer wieder zu beobachtenden Wechselwirkungen zwischen individuellen Krisen und der Polykrise (vgl. Kp. 4) legen es nahe, auch im Blick auf eine moderne Praxis des Christentums jeweils neu Aktion und Kontemplation, das Beten und das Tun des Gerechten zusammenzudenken und zu praktizieren. Solidarische und sorgende Gemeinschaften, die das Mit-Sein Gottes in dieser Welt leben, brauchen das Wechselspiel von diakonisch-caritativen Werken und Diensten auf der einen und liturgischen und kommunitären Gemeinschaften auf der anderen Seite.[29] Philipp Ehlhaus, Referent am Sozialwissenschaftlichen Institut der EKD, spricht in diesem Zusammenhang von fluiden Formen und responsiven Strukturen von Kirche, wenn er diese Wechselwirkungen beschreibt.

---

28 D. Bonhoeffer, Widerstand und Ergebung, Dietrich-Bonhoeffer-Werke, Bd. 8, Gütersloh 1998, 435f.

29 Diese reziproke Dynamik hat die Praktische Theologie unter den beiden Begriffen ‚Sammlung' und ‚Sendung' zu fassen versucht. In Analogie dazu wird dies soziologisch diskutiert als Phänomen teil-offener Gesellschaften, vgl. „Geschlossene Gesellschaften: Themenpapier der Deutschen Gesellschaft für Soziologie 2016", https://soziologie.de/fileadmin/user_upload/kongress/2016/DGS-Kongress_2016_Themenpapier.pdf, abgerufen am 06.02.2025: „Geschlossene Gesellschaften sind nicht lebensfähig. Offene auch nicht. Gesellschaften, Organisationen, Gruppen und Lebensverläufe sind immer von einer Ambivalenz gleichzeitiger Offenheit und Geschlossenheit geprägt." Es wäre eine eigene Untersuchung wert, solche soziologischen Überlegungen ekklesiologisch durchzubuchstabieren.

Die Kirche – jetzt theologisch verstanden und daher auch im Singular – dient ausschließlich diesem einen Zweck: das eine Evangelium so zu kommunizieren, dass es sich in den Aneignungsprozessen liturgischer Praxis, individueller Bildung, sozialer Gestaltwerdung und gesellschaftlichem Engagements aktualisieren kann. Kirche als sozialer und liturgischer Raum des geteilten Wortes ist also immer ökumenisch. [...] Ihre Aufgabe besteht darin, die jeweils spezifische und bestimmte Darstellungs- und Gestaltungsform des Evangeliums so zu präsentieren und zur Verfügung zu stellen, dass es sich verbreiten und – metaphorisch gesprochen – aus einem verdichteten Aggregatzustand in eine flüssige Form übergehen kann. [...] Wenn Kirche dort geschieht, wo Menschen an der Kommunikation des Evangeliums teilhaben, so sind die Formen kirchlicher und gemeindlicher Praxis nicht von vornherein festgelegt. Sie können sich wohnortnah oder in mobilen Formen, in der Ortskirchengemeinde oder in einer überregionalen Bildungseinrichtung, in den Bezügen von Caritas und Diakonie, im digitalen Raum oder im Sakralraum vollziehen und sich dabei sowohl mit zeitlich punktuellen als auch konstanten Praktiken verbinden. Kirchliche Sozialformen bilden sich an den Kristallisationspunkten für unterschiedliche gemeinschaftliche Formen kirchlicher Praxis. Mit dieser Perspektive lassen sich sowohl bestehende Sozialformen in ihrer Organisationsgestalt als Ermöglichungsraum für jeweils aktuelle Gemeinschaftsbildungen verstehen als auch neue Sozialformen in den Blick nehmen.[30]

---

30 Philipp Ehlhaus, „Liquid Church? Kirchenerkundungen im nassen Element",
https://www.futur2.org/article/liquid-church-kirchenerkundungen-im-nassen-element/#easy-footnote-4-7608, abgerufen am 05.02.2025.

Dorothee Sölle hat diese Wechselwirkung, vielleicht als eine Interpretation des Bonhoefferschen Satzes vom Beten und vom Tun des Gerechten, poetisch weitergeführt:

Du hast mich geträumt Gott
wie ich den aufrechten Gang übe
und niederknien lerne

schöner als ich jetzt bin
glücklicher als ich mich traue
freier als bei uns erlaubt

Hör nicht auf, mich zu träumen, Gott,
ich will nicht aufhören mich zu erinnern
dass ich dein Baum bin
gepflanzt an den Wasserbächen des Lebens[31]

Gegen die Ohnmachtserfahrungen im individuellen wie im gesellschaftlichen Erleben sehe ich in diesem Wechselspiel von Aktion und Kontemplation den eigentlichen Beitrag der Kirchen für eine offenere, friedlichere und solidarischere Gesellschaft. Aus der Einkehr, aus der Besonnenheit und Zurück-Haltung, aus der spirituell verorteten Weisheit und Demut des Glaubens und der Kraft der Verbundenheit in der Gemeinschaft mit allem Lebendigen wurzeln jene friedensstiftenden Kräfte, die unsere Zeit so dringend braucht. In Offenen Kirchen, in Offene Tür-Stellen, und auch überall dazwischen.

---

31 D. Sölle, Loben ohne Lügen: Gedichte, Berlin 2000, 12.

6 Von Angesicht zu Angesicht

Offene Tür-Stellen bilden unverzichtbare Elemente kirchlicher Präsenz. Wer hier erste Schritte über die Schwelle gemacht hat, kann in diesem psychosozialen und psychologischen Fachdienst der Seelsorge Kirche erfahren, lebensnah, hilfreich, zuhörend und zugewandt. Menschen, die die Offene Tür-Stelle aufsuchen, können in ihrer akuten oder auch chronischen Krisenerfahrung erleben, wie befreiend und heilsam eine echte Begegnung sein kann. Sie ermöglicht Freiraum zum wirklichen Da-Sein und öffnet hier und da Türen mit Spielräumen für Veränderung.

Die Themen und Felder der Beratung wurden in den verschiedenen Essays exemplarisch dargestellt, nicht zuletzt mit der Intention, die Wechselwirkungen von individuellen, gesellschaftlichen und globalen Krisenphänomenen genauer zu beleuchten. Immer wieder wird deutlich: zunächst und zuerst braucht es Zeit und Raum, um all das aussprechen zu können, Worte zu finden für das, was einen Menschen bewegt. In den meisten Fällen geht es darum, dem Schmerz Raum zu geben, ihn zuzulassen, ihn auszuhalten – eine Kunst, die wir gegenwärtig erst wieder neu zu lernen haben. Der Philosoph und Kulturwissenschaftler Byung-Chul Han erinnert in seinem unter dem Eindruck der Covid-Pandemie geschriebenen Buch „Palliativgesellschaft: Schmerz heute" an diesen größeren Zusammenhang, den die christliche Theologie aus ihrer eigenen Tradition sehr gut kennt. Er schreibt:

Ein Hauptkennzeichen der heutigen Schmerzerfahrung besteht darin, dass der Schmerz als sinnlos wahrgenommen wird. Es existieren keine Sinnbezüge mehr, die uns angesichts des

Schmerzes Halt und Orientierung geben würden. Die Kunst, Schmerz zu erleiden, ist uns ganz abhandengekommen. Die ausschließliche Medikalisierung und Pharmakologisierung des Schmerzes zerstört das ‚kulturelle Programm der Schmerzbewältigung' (Ivan Illich). Der Schmerz ist nun ein sinnloses Übel, das es mit Analgetika zu bekämpfen gilt. Als bloße körperliche Qual fällt er ganz aus der symbolischen Ordnung heraus.[1]

Ein wesentlicher Beitrag der kirchlichen Offene Tür-Stellen besteht darin, Menschen unserer Zeit zu ermöglichen, sich ihren ganz persönlichen Schmerzpunkten anzunähern, diese mithilfe eines präsenten Gegenübers wahrzunehmen und zunächst einmal auszuhalten. Dieses Wahrnehmen, Erkunden und Aushalten des Schmerzes hat eine zutiefst humane Dimension und verbindet uns als Menschen auf Augenhöhe miteinander. Es hat sodann eine theologische Dimension, indem wir den Raum offen halten für eine symbolische Einordnung des Erlebens im Horizont einer größeren Wirklichkeit. Indem Menschen hier ihre eigene Geschichte erzählen dürfen, die sie ihrem aufmerksamen Gegenüber anvertrauen, kann bereits der Heilungsprozess beginnen. In einer „postnarrativen Zeit"[2] (Byung-Chul Han) braucht es Zeit und Raum für solches Erzählen und ein Gegenüber, das dem Schmerz nicht ausweicht, ihn weder bagatellisiert noch dramatisiert. „Der Schmerz setzt die Erzählung erst in Gang", so Byung-Chul Han, er ist not–wendig zur Heilung und will unbedingt wahrgenommen und dann auch gedeutet werden. So erst kann es zu der lebenswichtigen „Erfahrung der heilenden Fürsorge als Empfindung des *Berührt- und Angesprochenwerdens*"[3]

1   B. Han, Palliativgesellschaft: Schmerz heute, Berlin 2020, 29.

2   A.a.O., 34.

3   A.a.O., 42 (Hervorhebungen im Original).

kommen. Im Sinne dessen, was Byung-Chul Han über den Umgang mit Schmerz in unserer Zeit formuliert, könnte man Offene Tür-Stellen zugespitzt auch als heilsame und heilende Orte für den Schmerz inmitten einer Palliativgesellschaft bezeichnen. Hier darf und soll Raum sein für das Reden und Hören, das den persönlichen und auch den gesellschaftlichen Schmerzpunkten nicht ausweicht. Hier ereignet sich paradigmatisch etwas von dem, was man mit dem Apostel Paulus als „Gottesdienst im Alltag der Welt" (Röm 12) bezeichnen könnte, der sich dadurch auszeichnet, dass wir uns „mit den Fröhlichen freuen und mit den Weinenden weinen" (Röm 12, 15).

Die offene und den Einzelnen in seiner Lebensgeschichte und in seinem individuellen Schmerz würdigende Arbeit geschieht sinnvoll und wirksam im wechselseitigen Zusammenspiel mit den Pfarrgemeinden, den Werken und Diensten der Kirchen und allen anderen besonderen Arbeitsfeldern in Seelsorge und Beratung, wie z.b. der TelefonSeelsorge®, der Notfalloder Klinikseelsorge, oder auch der Ehe-, Partnerschafts-, Familien- und Lebensberatungsstellen. So wird Kirche mit ihrem äußerst niedrigschwelligen Angebot von Angesicht zu Angesicht erfahrbar. Hier kann sich ereignen, was Peter F. Schmid unter der Überschrift „Von Angesicht zu Angesicht: Pastoraltheologische Aspekte zur Praxis der Seelsorge" einmal so formuliert hat:

Einem Menschen zu begegnen, bedeutet, ihm gegenwärtig zu sein, ihm in der Haltung von Wertschätzung und Wahrhaftigkeit Raum und Freiheit zu geben, sich selbst zu entfalten und ganz der zu werden, als der er angelegt und als der er berufen ist. Dies erfordert absichtsloses Handeln und bedeutet zugleich Risiko und Chance – selbst verändert, damit aber auch beschenkt und bereichert zu werden. Begegnung meint damit nicht nur seltene Spitzenerfahrungen oder langdauernde, tiefe Freundschaften,

sondern eine Grundhaltung den Menschen als Mit-Menschen gegenüber; sie ist eine Kunst, die gelernt werden kann. Im Kairos,
im jeweils gegenwärtigen, herausfordernden Augen-Blick des
Mitseins mit dem Anderen, in der Stunde des Heils (2 Kor 6, 2),
kann im jeweils unmittelbaren Gegen-über der Be-geg(e)n-ung
Gott gegenwärtig werden als ‚Jahwe‘, als der, der für uns da ist
(Ex 3), und als ‚Immanuel‘, als der, der mit uns ist (Jes 7, 14).[4]

Was in den Offene Tür-Stellen geschieht, ist somit lebendiger
Ausdruck einer Kirche, die ihren Dienst ganz nahe bei und mit
den Menschen versteht – eben einer Kirche, die um den unschätzbaren Wert jeder Begegnung von Angesicht zu Angesicht
weiß. Menschen dürfen so kommen, wie sie sind – und müssen
doch nicht so bleiben, wie sie sind. Dass Menschen hier gesehen
werden und Ansehen genießen, wenn sie in ihrer Krise eine
Offene Tür-Stelle aufsuchen und ohne Termin und mit nur sehr
kurzer Wartezeit Unterstützung erfahren können, macht aus
meiner Sicht dieses kirchliche Arbeitsfeld so kostbar und unverzichtbar.

Mit den vorliegenden Einblicken und Essays sind die Stärken und die Chancen, aber auch die Konturen kirchlicher Krisenberatung deutlich geworden. Für mich gehört diese Arbeit
wesentlich zum Gesicht einer Kirche auf Augenhöhe, die dem
Schmerz dieser Welt nicht ausweicht und Zeit hat für das, was
ist. Es ist die Gestalt einer offenen Kirche mit offenem Ohr und
offenem Herzen, die so ihr freundliches, mitfühlendes und zuge-
wandtes Gesicht zeigt – Kirche von Angesicht zu Angesicht.

---

4   P. F. Schmid, Personale Begegnung: Der personzentrierte Ansatz in Psychotherapie, Beratung, Gruppenarbeit und Seelsorge, Würzburg [2]1995, 395.

Am Ende drücken Worte des Dichterpfarrers Detlev Block am besten aus, welch tiefe Erfahrung in der Begegnung von Angesicht zu Angesicht möglich sein könnte. In seinem Gedicht „Dank"[5] heißt es:

Dank

Nicht an Sprüchen
gemessen werden.
Keine Schau
abziehen müssen.

Den Schild
absetzen dürfen,
ohne
verwundet zu werden.

Keine Entschuldigung
nötig haben.
Nichts erklären,
nichts beweisen müssen.

Verstanden,
angenommen sein,
wie man ist,
wortlos.

---

5   D. Block, Lichtwechsel: Gesammelte Gedichte, Göttingen 1999, 412.

Dank

Zunächst danke ich Dieter Müller (Focusing Zentrum Karlsruhe) für die erste Ermutigung, Erfahrungen aus Beratung und
Seelsorge in Form von Essays zu verarbeiten sowie Prof. Dr. An-
nemarie Bauer (Heidelberg), die durch ihre klugen Nachfragen
den Anfangsimpuls für dieses Buch gegeben hat. Ich danke meinem Freund Dr. Michael Lipps (Mannheim) für eine langjährige
Weggemeinschaft, nicht nur in Fragen von Beratung, Supervision und Seelsorge. Weiter danke ich meinen Kolleginnen und
Kollegen aus der Psychologischen Beratung im Bereich der
Evang. Landeskirche in Baden, insbesondere dem ökumenischen Team unserer Krisenberatungsstelle brücke. Der fachliche
Austausch vor allem mit meinem Kollegen in der Leitung, Martin Kühlmann, aber auch mit den Kolleginnen, zeigt mir immer
wieder, wie bereichernd die Arbeit in einem interprofessionellen
Team sein kann. Dazu zähle ich auch die Zusammenarbeit mit
den Leitungskolleginnen und Kollegen im deutschsprachigen
Netzwerk Offene Türen. Hier danke ich vor allem Sybille Loew
(Krisenberatung Münchner Insel), die Teile des Manuskripts
vorab gelesen und mit ihren Erfahrungen und Hinweisen bereichert hat. Ich danke den Besucherinnen und Besuchern unserer
Beratungsstelle, die ihre Anliegen und oft wichtige Wegstre-
cken ihres Lebens mit mir geteilt haben. Schließlich danke ich
meiner Frau Heidi für fachlichen Austausch, Korrekturlesen und
für ihre Geduld angesichts mancher „Nachtschicht", sowie meinen Söhnen Moritz (Diskussion und Korrekturen) und Tilman
(Satz und Layout) für ihre vielfache Unterstützung. Danke.

Literatur

*Für die Links auf Webseiten Dritter und deren Inhalte übernehme ich
keine Haftung, da ich mir diese nicht zu eigen mache, sondern lediglich
auf deren Stand zum Zeitpunkt der Abrufe verweise.*

Aichinger, I., Die größere Hoffnung: Roman, Frankfurt 1991.

Backhaus, U., Personzentrierte Beratung und Therapie bei Verlust und Trauer, München 2017.

Bäumer, R. und Plattig, M. (Hg.), „Dunkle Nacht" und Depression: Geistliche und psychische Krisen verstehen und unterscheiden, Ostfildern 2008.

Bauer, A. und Schmidbauer, W., Im Bauch des Wals: Über das Innenleben von Organisationen, Stuttgart, 2019.

Beutel, H. und Tausch, B. (Hg.), Sterben – eine Zeit des Lebens: Ein Handbuch der Hospizbewegung, Stuttgart 1989.

Beutel, H., „Erinnerungen an Reinhard Tausch". *Gesprächspsychotherapie und Personzentrierte Beratung* Jg. 52 (2021/4): 22-23.

Bloch, E., Das Prinzip Hoffnung, Bd. 1, Frankfurt 1985.

Block, D., Lichtwechsel: Gesammelte Gedichte, Göttingen 1999.

Bonder, N., Der Rabbi hat immer recht – Die Kunst, Probleme zu lösen, Heidelberg 2013.

Bonhoeffer, D., Widerstand und Ergebung, Dietrich-Bonhoeffer-Werke, Bd. 8, Gütersloh 1998.

Booth, Father L., Heilung von religiösem Missbrauch und religiöser Abhängigkeit: Ein Weg in die Spirituelle Freiheit, Köln 1998.

Bosse-Huber, P., „Seelsorge – die ‚Muttersprache' der Kirche", *Seelsorgliche Kirche im 21. Jahrhundert: Modelle – Konzepte – Perspektiven*, Hrsg. Anja Kramer und Freimut Schirrmacher, Neukirchen 2005, 11-17.

Bours, J., Der Mensch wird des Weges geführt, den er wählt: Geistliches Lesebuch, Freiburg 1986.

Bucay, J., Komm, ich erzähl dir eine Geschichte, Frankfurt 2007.

Burbach, Ch. (Hg.), Handbuch Personzentrierte Seelsorge und Beratung, Göttingen 2019.

Burbach, Ch., „Seelsorge in der protestantischen Kirche", *Handbuch Personzentrierte Seelsorge und Beratung*, Hrsg. Christine Burbach, Göttingen 2019. 214-224.

Campbell, P. und McMahon, E., BioSpiritualität: Glaube beginnt im Körper. Eine praktische Einführung zur Selbsterfahrung mit Focusing, München 1992.

Cornell, A. W., Focusing – Der Stimme des Körpers folgen: Anleitungen und Übungen zur Selbsterfahrung, Reinbek [7]2005.

Cornell, A. W., Die Kunst des Annehmens: Leben und Arbeit mit Focusing, Norderstedt 2013.

Crary, J, 24/7 – Schlaflos im Spätkapitalismus, Berlin 2021.

Dörner, K. und Plog, U. et.al., Irren ist menschlich: Lehrbuch der Psychiatrie/Psychotherapie, Bonn [4]2009.

Dorrmann, W., Suizid: Therapeutische Interventionen bei Selbsttötungsabsichten, Stuttgart 2006.

Eger, E., Ich bin hier und alles ist jetzt: Warum wir uns jederzeit für die Freiheit entscheiden können, München 2018.

Eger, E., Das Geschenk. Zwölf Lektionen für ein besseres Leben, München 2021.

Ehlhaus, Ph. „Vermessung eines komplexen Feldes". *Fluide Formen von Kirche: Dienste, Werke und Einrichtungen in Gesellschaft und Kirche des 21. Jahrhunderts.* Hrsg. Philipp Ehlhaus und Uta Pohl-Patalong, Stuttgart 2024. 45-46.

Ehlhaus, Ph. / Pohl-Patalong, U. (Hg.) (2024), Fluide Formen von Kirche: Dienste, Werke und Einrichtungen in Gesellschaft und Kirche des 21. Jahrhunderts, Stuttgart.

Eisenstein, Ch., Wut, Mut, Liebe: Politischer Aktivismus und die echte Rebellion, München 2020.

Eisenstein, Ch., Die schönere Welt, die unser Herz kennt, ist möglich, München 2021.

Engel, U. „Verantwortet handeln im Horizont der befristeten Zeit", https://www.feinschwarz.net/verantwortet-handeln-im-horizont-der-befristeten-zeit/, abgerufen am 26.04.2024.

Evang. Kirche in Deutschland (Hg.), Wie hältst du's mit der Kirche? Zur Bedeutung der Kirche in der Gesellschaft. Erste Ergebnisse der 6. Kirchenmitgliedschaftsuntersuchung, Leipzig 2023.

Evang. Oberkirchenrat (Hg.), Freut euch mit den Fröhlichen, weint mit den Weinenden, Gesamtkonzeption Seelsorge in der Evang. Landeskirche in Baden, Karlsruhe 2013.

Evang. Oberkirchenrat (Hg.), „Gütekriterien in der Evangelischen Landeskirche in Baden und der Diakonie Baden: Orientierungsrahmen", hg. vom Evang. Oberkirchenrat Karlsruhe, Abt. Diakonie, Bereich Psychol. Beratung, Ursula Bank, Karlsruhe 2018.

Feuerstein, H.-J. und Müller, D. und Cornell, A.W., Focusing im Prozess: Ein Lesebuch, Köln 2000.

Fuchs, T., Leib, Raum, Person: Entwurf einer phänomenologischen Anthropologie, Stuttgart ²2018.

Fuchs. T., Verteidigung des Menschen: Grundfragen einer verkörperten Anthropologie, Berlin 2020.

Führer, Ch., Und wir sind dabei gewesen: Die Revolution, die aus der Kirche kam, Berlin 2008.

Gendlin, E. T, Focusing-orientierte Psychotherapie: Ein Handbuch der erlebensbezogenen Methode, München 1998.

Gendlin, E. T., Focusing – Selbsthilfe bei der Lösung persönlicher Probleme, Reinbek 2007.

Gronemeyer, M., Genug ist genug: Über die Kunst des Aufhörens, Darmstadt 2008.

Haller, R., Die Macht der Kränkung, München 2017.

Haller, R., Das Wunder der Wertschätzung: Wie wir andere stark machen und dabei selbst stärker werden, München 2019.

Han, B., Müdigkeitsgesellschaft, Berlin 2010.

Han, B., Duft der Zeit: Ein philosophischer Essay zur Kunst des Verweilens, Bielefeld 2014.

Han, B., Palliativgesellschaft: Schmerz heute, Berlin [4]2022.

Hargens, J., Bitte nicht helfen! Es ist auch so schon schwer genug. (K)Ein Selbsthilfebuch, Heidelberg 2019.

Haußmann, A. und Kast-Streib, S., Seelsorge lernen, stärken und reflektieren: Das Zentrum für Seelsorge als Schnittstelle von Aus- und Fortbildung, Praxis und Wissenschaft, Leipzig 2021.

Heschel, Abraham J., Der Sabbat: Seine Bedeutung für den heutigen Menschen, Neukirchen-Vluyn 1990.

Hollick, U. et.al, Personzentrierte Familientherapie und -beratung, München 2018.

Hoppe, G., Liebe, das Thema unseres Lebens, das immer mitspielt, Vorträge und weitere Texte, Norderstedt 2022.

Jörns, K.-P., Notwendige Abschiede: Auf dem Weg zu einem glaubwürdigen Christentum, Gütersloh 2008.

Kachler, R., Meine Trauer wird dich finden: Ein neuer Ansatz in der Trauerarbeit, Stuttgart 2005.

Karl, K., „Der wunde Punkt: Seelsorge angesichts von Vulnerabilität und Kontingenz". *Zeitschrift für Pastoraltheologie* Jg. 41 (2021): 55-65.

Kingreen, T., „Was ist der Mensch? Zum Menschenbild im Personzentrierten Ansatz", *Handbuch Personzentrierte Seelsorge und Beratung*, Hrsg. Christine Burbach, Göttingen 2019. 49-65.

Koch, C., Pubertät war erst der Vorwaschgang: Wie junge Menschen erwachsen werden und ihren Platz im Leben finden, Gütersloh 2016.

Kramer, A. und Schirrmacher, F. (Hg.), Seelsorgliche Kirche im 21. Jahrhundert: Modelle – Konzepte – Perspektiven, Neukirchen 2005.

Kunz, R., „Seelsorge auf der Schwelle – Türöffner für die Kirche". Unkorrigierte Notizen für ein Referat, gehalten am 16. Oktober, Zürich 2006.

Lang, Ch., „Den eigenen Ton finden: personzentrierte Episoden aus Beratung, Coaching, Seelsorge und Gruppenarbeit." *Gesprächspsychotherapie und Beratung* Jg. 46 (2015): 102-106.

Lang, Ch., „Endlich leben – endlich beraten: ein personzentrierter, pastoraltheologischer Zwischenruf", *Gesprächspsychotherapie und Personzentrierte Beratung* Jg. 48 (2017): 94-97.

Lang, Ch., „Innere Karriere statt Innere Kündigung: Von der Kunst der Selbststeuerung im Pfarrberuf". *Deutsches Pfarrerblatt Jg. 119* (2019): 85-96.

Lang, Ch., „Sehen lernen – mit den Augen Gottes", *Pastoralblätter* Jg. 160 (2020): 80-83.

Lang, Ch., „Die Kunst der Pause", *Pastoralblätter* Jg. 161 (2021): 824-828.

Lang, Ch., „Von Angesicht zu Angesicht: Offene Tür trotz(t) Corona". *24/7 - Zeitschrift der TelefonSeelsorge Deutschland* Jg. 14 (2021): 30-31.

Lang, Ch., „Eine kollektive Kränkung: Wie uns die Corona-Pandemie Selbsterkenntnis, Demut und Empathie lehren könnte", *Deutsches Pfarrerinnen- und Pfarrerblatt* Jg. 121 (2021): 374-377.

Lang, Ch., „Lieben", *Pastoralblätter* Jg. 162 (2022): 773-776.

Lang, Ch., „Kämpfen", *Pastoralblätter* Jg. 163 (2023): 378-381.

Lang, Ch., „Leben und volle Genüge: Zur Idee einer strukturbezogenen Seelsorge", *Pastoralblätter* Jg. 163 (2023): 875-878.

Lang, Ch. „Don't look up?! Nachtschicht im eschatologischen Büro", *Deutsches Pfarrerinnen- und Pfarrerblatt* Jg. 124 (2024): 328-331.

Lang, Ch., „Aufhören: Eine theologische Spurensuche", *Deutsches Pfarrerinnen- und Pfarrerblatt* Jg. 125 (2025): 5-8.

Lemme, M. und Körner, B., Die Kraft der Präsenz: Systemische Autorität in Haltung und Handlung, Heidelberg 2022.

Lipps, M., hingabe und eigensinn: spirituelle texte zu lebensart und lebensweg, Mannheim 2011.

Lipps, M., Was bedeutet Intuition im seelsorglichen Gespräch? Eine Thesenreihe, *auf Draht: Zeitschrift der TelefonSeelsorge Deutschland* Jg. 91 (2016): 40-41.

Lipps, M., Wie gut, dass jemand da ist: Überlegungen zur Seelsorge in der Telefonseelsorge, *Pastoralblätter* Jg. 156 (2016): 724-728.

Loew, S., „Der Mythos von der Einheitlichkeit der Offenen Tür". *Auf Draht* Jg. 43 (2000): 11-12.

Maercker, A., und Forstmeier, S. (Hg.), Der Lebensrückblick in Therapie und Beratung, Berlin/Heidelberg 2013.

Marquard, O., Endlichkeitsphilosophisches: Über das Altern, Stuttgart 2013.

Marti, K., Gott im Diesseits: Versuche zu verstehen, Stuttgart 2005.

Marti, K., Heilige Vergänglichkeit: Spätsätze, Stuttgart 2010.

Marti, K., Von der Weltleidenschaft Gottes: Denkskizzen, Stuttgart 2011.

Mearns, D. und Thorne, B. und McLeod, J., Personzentrierte Beratung und Psychotherapie in der Praxis, Köln 2016.

Metz, J. B., Jenseits bürgerlicher Religion, Reden über die Zukunft des Christentums, Mainz 1980.

Metz, J. B., Glaube in Geschichte und Gesellschaft: Studien zu einer praktischen Fundamentaltheologie, Mainz [5]1992.

Müller, T., Zwischen friedlicher Sabotage und Kollaps: Wie ich lernte, die Zukunft wieder zu lieben, Wien 2024.

Müller-Fahrenholz, G., Heimat Erde: Christliche Spiritualität unter endzeitlichen Lebensbedingungen, Gütersloh 2013.

Parodi, O., „Entschleunigung, Einkehr, Selbstreflexion", https://www.transformationszentrum.org/news_selbstversuch-entschleunigung.php, abgerufen am 26.04.2024.

Pilz-Kusch, U., Burnout: Frühsignale erkennen – Kraft gewinnen. Das Praxisbuch für Trainer, Berater und Betroffene, Weinheim/Basel 2012.

Ploil, E.O., Psychosoziale Online-Beratung, München 2009.

Reckwitz, A., Die Gesellschaft der Singularitäten: Zum Strukturwandel der Moderne, Berlin 2017.

Reichart, W., Du lebst falsch! Eine philosophische Provokation, Norderstedt 2023.

Renn, K., Dein Körper sagt dir, wer du werden kannst: Focusing – Weg der inneren Achtsamkeit, Freiburg 2006.

Rieforth, J., Wunschkompetenz: Von der Fähigkeit, das eigene Leben sinnvoll zu gestalten, Göttingen 2020.

Riess, R., Sehnsucht nach Leben: Spannungsfelder, Sinnbilder und Spiritualität der Seelsorge, Göttingen [2]1991.

Rohnke, A., „Gesundheit und Arbeitswohlbefinden: Ansätze für eine nachhaltige Personalpolitik". Deutsches Pfarrerblatt Jg. 123 (2023): 73-78.

Rohr, R., Das Enneagramm: Die 9 Gesichter der Seele, München 1999.

Rohr, R., Endlich Mann werden: Die Wiederentdeckung der Initiation, München 2005.

Rohr, R., Zwölf Schritte der Heilung: Gesundheit und Spiritualität, München 2011.

Rosa, H., Unverfügbarkeit, Wien/Salzburg 2020.

Roser, T., „Präsenz als Währung der Seelsorge". Zeitschrift für Pastoraltheologie Jg. 41 (2021): 41-54.

Rottländer, P., Der Frankfurter Notruf: Krisen- und Lebensberatungsstelle. Offene Tür. Telefonseelsorge: Geschichte eines innovativen Beratungsprojekts, Frankfurt 2008.

Rudolf, G., Strukturbezogene Psychotherapie: Leitfaden zur psychodynamischen Therapie struktureller Störungen, Stuttgart 2020.

Ruland, T., Die Psychologie der Intimität. Was Liebe und Sexualität miteinander zu tun haben, Stuttgart 2015.

Scharrer, M., Ruth C. Cohn: Eine Therapeutin gegen totalitäres Denken, Ostfildern 2020.

Scherer, M., Hingabe: Versuch über die Verschwendung, Springe 2021.

Schiffer, E., Warum Huckleberry Finn nicht süchtig wurde: Anstiftung gegen Sucht und Selbstzerstörung bei Kindern und Jugendlichen, Bensheim 1993.

Schmid, P. F., Personale Begegnung: Der personzentrierte Ansatz in Psychotherapie, Beratung, Gruppenarbeit und Seelsorge, Würzburg ²1995.

Schmid, P. F., Im Anfang ist Gemeinschaft: personzentrierte Gruppenarbeit in Seelsorge und Praktischer Theologe, Beiträge zu einer Theologie der Gruppe, Stuttgart 1998.

Schmid, P. F., „Ein Prozess der Personalisierung – Zum dialektisch-dialogischen Verständnis der Aktualisierungstendenz". *Person* *Jg. 14* (2010): 147-149.

Schmidbauer, W., Hilflose Helfer – Über die seelische Problematik der helfenden Berufe, Reinbek 1992.

Schoen, S., Geistes Gegenwart: Philosophische und literarische Grundlagen einer weisen Psychotherapie, Köln 1990.

Schuhmann, L., „*Die Offene Tür (OT) und verwandte Einrichtungen*". Hrsg. Traugott Weber, Handbuch Telefonseelsorge, Göttingen 2006, 202-213.

Servigne, P. und Stevens, R., Wie alles zusammenbrechen kann. Handbuch der Kollapsologie, Wien 2021.

Siegrist, U., Experienzielles Coaching: Körper und Emotionen konstruktiv nutzen, München 2023.

Sölle, D., Mutanfälle: Texte zum Umdenken, Hamburg 1996.

Sölle, D., Loben ohne Lügen: Gedichte, Berlin 2000.

Sölle, D., Die Wahrheit macht euch frei. Gesammelte Werke, Bd. 4, hg. von Ursula Baltz-Otto und Fulbert Steffensky, Stuttgart 2023.

Sonneck, G. et.al., Krisenintervention und Suizidverhütung, Wien 2016.

Springhart, H., Der verwundbare Mensch: Sterben, Tod und Endlichkeit im Horizont einer realistischen Anthropologie, Tübingen 2016.

Stauss, K., Die heilende Kraft der Vergebung: Die sieben Phasen spirituell-therapeutischer Vergebungs- und Versöhnungsarbeit, München ⁵2010.

Steffensky, F., „Gott loben, das Recht ehren, Gesicht zeigen. Das Wesen und die zentralen Aufgaben der Kirche". *Schwarzbrot-Spiritualität*, Stuttgart, 2010, 53-72.

Steenbuck, G., „Eingewoben in das große Netz des Lebens: Plädoyer für einen erweiterten Begriff von Person und Beziehung". *Gesprächspsychotherapie und Personzentrierte Beratung* Jg. 55 (4/2024): 26-29.

Telefonseelsorge® Deutschland e.V. (Hg.), Akute und begleitende Krisenintervention: Die Vor-Ort-Beratung der Kirchen, Berlin 2022.

Telefonseelsorge® Deutschland e.V. (Hg.), Handbuch Suizidprävention (Neuauflage), Berlin 2025.

Thorne, B., Person-centered Counselling and Christian Spirituality: The Secular and the Holy. Ort 2008.

Thorne, B., Counselling and Spiritual Accompaniment: Bridging Faith and Person-Centered Therapy, Hoboken/New Jersey 2012.

Thorne, B., Infinitely Beloved: A therapist explores divine intimacy, Herefordshire ²2012.

Tillich, P., „Heilige Verschwendung". Predigt über Markus 14, 3-9". *Das Neue Sein. Religiöse Reden, 2. Folge,* Frankfurt 1986, 52-55.

Trowitzsch, M., Technokratie und Geist der Zeit: Beiträge zu einer theologischen Kritik. Tübingen 1988.

Van der Geest, H., Unter vier Augen: Beispiele gelungener Seelsorge, Zürich 1981.

Von Heyl, A., Seelsorge: Ein Leitfaden, Freiburg 2014.

Wagner, C., Schonung alles Lebendigen: Schriften aus dem Alltag 1901-1915 (Warmbronner Schriften 27), Warmbronn 2014.

Ware, B., 5 Dinge, die Sterbende am meisten bereuen: Einsichten, die Ihr Leben verändern werden, München 2013.

Weber, T. (Hg.), Handbuch Telefonseelsorge, Göttingen ²2006.

Yalom, I. D., The Gift of Therapy: An open letter to an new generation of therapists and their patients, London 2010.

Yalom, I. D., In die Sonne schauen: Wie man die Angst vor dem Tod überwindet, München 2010.

Yalom, I. D., Denn alles ist vergänglich: Geschichten aus der Psychotherapie, München 2015.

Yalom, I. D., Becoming Myself: A Psychiatrist's Memoir, London 2017.

Zink, J., Die letzten sieben Tage der Schöpfung, https://www.joerg-zink.de/die-letzten-sieben-tage-der-schoepfung/, abgerufen am 26.04.2024.

Znoj, H., Komplizierte Trauer, Göttingen 2016.